RÉPERTOIRE DE Mᵐᵉ A. RISTORI.

CASSANDRE

TRAGÉDIE EN CINQ ACTES EN VERS ITALIENS

DE

A. SOMMA

TRADUCTION FRANÇAISE DU TEXTE ITALIEN

PAR

C. FERRARI

REPRÉSENTÉE AU THÉATRE ITALIEN DE PARIS PAR LA COMPAGNIE DRAMATIQUE ITALIENNE
LE 12 MAI 1859.

PARIS

MICHEL LÉVY FRÈRES, LIBRAIRES-ÉDITEURS

RUE VIVIENNE, 2 BIS.

1859

Représentation, reproduction et traduction réservées.

RÉPERTOIRE DE Mme A. RISTORI.

CASSANDRE

TRAGÉDIE EN CINQ ACTES EN VERS ITALIENS

de

A. SOGNI.

TRADUCTION FRANÇAISE DU TEXTE ITALIEN

par

C. RINALDI

REPRÉSENTÉE AU THÉÂTRE-ITALIEN DE PARIS PAR LA COMPAGNIE DRAMATIQUE ITALIENNE
DE Mme RISTORI.

PARIS
MICHEL LÉVY FRÈRES, LIBRAIRES-ÉDITEURS
RUE VIVIENNE, 2 BIS

1857

Reproduction, représentation et traduction réservées.

TRADIZIONI SU CASSANDRA.

Era la più bella delle figlie di Priamo, tale che Apollo se ne invaghì. A ricambiarlo in amore chiesegli di conoscere il futuro, ma, ottenuto il dono, mancò alla promessa. Di che adiratosi il Nume, nè potendo più spegnere in lei lo spirito fatidico, fece che i vaticinj non trovassero fede. Ond'essa imprecando al ratto d'Elena profetizzò ma invano la distruzione di Troja, e invano s'oppose all'entrata del famoso cavallo nella città.

Ricoveratasi nel tempio di Pallade la notte dell'assalto, Ajace Locrese la violò sui gradini dell'ara. Se non che poscia quando i vincitori si divisero la preda, Agamennone (1) fattala sua, l'ospitò nella propria nave; e la rese madre durante il lungo e tempestoso tragitto dall'Ellesponto all'Argolide. In tale stato salìa alla reggia d'Atreo dove soggiacque immolata ai furori di Clitennestra poco dopo che questa ebbe ucciso a colpi di scure il marito nel bagno.

Dareto Frigio (2) che vuolsi da alcuni contemporaneo a Cassandra, e lasciò uno scheletro di storia sull'eccidio di Troja, le da capelli rossi, occhi scintillanti, e bocca rotonda. Morta passò sugli altari, e Pausania (3) il viaggiatore parla del tempio erettole in Amicla paese della Laconia, appiè del monte Taigeto.

(1) Al nome proprio di Agamennone venne sostituito nel dialogo quello derivativo di Atride per la sola ragione metrica.
(2) Cap. XII.
(3) Pag. 154.

TRADITIONS SUR CASSANDRE.

Cassandre était la plus belle des filles de Priam : elle était si belle qu'Apollon en fut épris. En échange de son amour, Cassandre lui demanda la connaissance de l'avenir ; mais, ce don une fois obtenu, elle manqua à sa promesse. Le dieu irrité, ne pouvant plus éteindre en elle l'esprit fatidique, fit en sorte que ses prédictions ne trouvassent plus de foi. Aussi Cassandre, après le rapt d'Hélène, prophétisa en vain la destruction de Troie, et ce fut en vain encore qu'elle s'opposa à l'entrée du fameux cheval dans la ville.

S'étant réfugiée dans le temple de Pallas, la nuit de l'assaut, Cassandre fut violée par Ajax sur les marches de l'autel. Lorsque les vainqueurs se partagèrent les dépouilles de la ville, Agamemnon (1) se l'adjugea et la rendit mère pendant la longue et orageuse traversée de l'Hellespont à l'Argolide. Dans cet état elle fut introduite dans le palais d'Atrée, où elle fut immolée aux fureurs de Clytemnestre, peu d'instants après que cette dernière eut tué à coups de hache son mari dans un bain.

Darès de Phrygie (2), qu'on croit contemporain de Cassandre et qui nous a laissé une esquisse historique sur la destruction de Troie, lui donne des cheveux rouges, des yeux étincelants, une bouche ronde. Après sa mort elle obtint les honneurs divins, et le voyageur Pausanias (3) nous parle d'un temple qui lui fut érigé à Amyclée, dans la Laconie, au pied du mont Taygète.

(1) Au nom d'Agamemnon on a substitué dans le dialogue celui d'Atride pour la mesure des vers.
(2) Chap. XII.
(3) Page 154.

PERSONNAGES.

ATRIDE.	MM. G. GLECH.	ATRIDE.	
CLITENNESTRA.	Mmes C. SANTONI.	CLYTEMNESTRE.	
CASSANDRA.	A. RISTORI.	CASSANDRE.	
ECUBA.	Mlle G. BIAGINI.	HÉCUBE.	
EGISTO.	MM. A. MAJERONI.	ÉGISTHE.	
STROFIO.	BOCCOMINI.	STROPHIUS.	
MARSIA.	C. RISTORI.	MARSYAS.	
TESSANDRO.	B. LANATA.	THESSANDRE.	
ORESTE } Fanciulli.	L. GLECH.	ORESTE } Enfants.	
ELETTRA }	E. GLECH.	ELECTRE }	
UN ARALDO.	E. PESCATORI.	UN HÉRAUT.	

Sacerdoti. Anziani. Guardie. Araldi. Uomini, donne e fanciulli del popolo. Due citariste di Frigia. L'ancella d'Ecuba. La nutrice d'Oreste. Una schiava etiope. Donzelle argive.

Prêtres. Anciens. Gardes. Hérauts. Hommes, femmes et enfants du peuple. Deux harpistes. La suivante d'Hécube. La nourrice d'Oreste. Une esclave éthiopienne. Jeunes filles argiennes.

Il primo atto alla spiaggia presso Troia due giorni dopo la presa. Gli altri atti in Argo, circa un anno appresso.

La scène se passe au premier acte sur la plage de la mer près la ville de Troie, deux jours après la prise; aux autres actes à Argos, environ un an après.

CASSANDRE

TRAGÉDIE.

....Fatis aperit Cassandra futuris
Ora, Dei jussu...
VIRG., Én., L. II.

ATTO PRIMO.

È l' ora del tramonto. Spiaggia in prossimità alle rovine di Troja. A sinistra il fianco delle mura abbattute, a destra le falde selvose del monte Ida; presso la spiaggia e dallo stesso lato scorgesi la nave capitana parata a festa. Più in là e nel lontano orizzonte altri legni che vengono di mano in mano illuminati col cader delle tenebre.

SCENA PRIMA.

ATRIDE, STROFIO.

Strof. Come volesti, o re dei re, Cassandra
Nelle mie tende ricovrai.
Atr. Lo spirto
Rasserenò? dalle dolenti ciglia
Sparvero i segni del patito oltraggio?
Detto le avrai che la difende Atride,
E che la turpe ingiuria onde fur scena
Le violate in essa are di Palla
Espia ne' ceppi il torbido Locrese?
Strof. M' udì commossa e non rispose, immota
A contemplar delle torri combuste
L' ultimo crollo. Della madre solo
Or non ha guari, pietosa inchiesta
Mi fe'.
Atr. Riseppe che d' Ulisse è schiava?
Strof. E rivederla ella sospira, almeno
L' ultima volta, e per pochi momenti.
Già v' acconsente Ulisse e rifiutarle
Tu non vorrai che l' assetato core
Ella ristori nel materno amplesso.
— Anzi che Troja ardesse al fato piacque
Dividerle. Nè più da quella notte
Le due infelici si scontrar.
Atr. Ma dimmi
Pria, se la nave del messaggio mio
Ad Argo volse?
Strof. (segnandogli lontano).
Ormai laggiù sorvola
Pei flutti dal tramonto imporporati
Nell' estremo orizzonte e appena appena
Più si discerne.
Atr. Sacrifizi e preci
Nella notte che cade abbia l' eterno
Signor dei mari, perchè mite guardi
Le nostre antenne, e la speranza incuori,
Nocchier non visto, al gran tragitto ! In breve
Risalperò : ma di me pria fa duopo
Che ad Argo giunga il precursor messaggio.

C'est l'heure du coucher du soleil. Plage voisine des ruines de Troie. A gauche, un bois au pied du mont Ida. Près du rivage et du même côté, on voit le vaisseau pavoisé d'Agamemnon. Plus loin se dessinent à l'horizon d'autres vaisseaux qu'on illumine à mesure que la nuit tombe.

SCÈNE PREMIÈRE.

ATRIDE, STROPHIUS.

Stroph. Ainsi que tu l'as voulu, roi des rois, j'ai recueilli Cassandre dans mes tentes.
Atr. Son esprit s'est-il calmé? Les traces de l'outrage qu'elle a souffert ont-elles disparu de ses yeux? Tu lui as dit qu'Atride la protége, et que le turbulent Locrien expie en prison l'odieux outrage dont l'autel de Pallas, en elle violé, a été le théâtre.
Stroph. Elle m'a écouté émue, sans me répondre, tout absorbée par la vue du dernier écroulement des murs incendiés. Seulement, il y a un instant, elle m'a pieusement interrogé sur le sort de sa mère.
Atr. Sait-elle que sa mère est l'esclave d'Ulysse?
Stroph. Elle désire la voir, fût-ce pour la dernière fois et pour un instant. Ulysse a déjà consenti : tu ne voudras pas lui refuser de soulager son cœur dans les bras maternels. Avant que Troie tombât, le destin a voulu les séparer : depuis cette nuit, les deux infortunées ne se sont plus rencontrées.
Atr. Dis-moi d'abord si le navire qui porte mon message est parti pour Argos?
Stroph. Déjà il vole sur les flots empourprés par le soleil couchant à l'horizon lointain, et on l'aperçoit à peine.
Atr. Que pendant cette nuit des prières et des sacrifices soient adressés à l'Eternel souverain des mers, pour qu'il veille sur nos vaisseaux, et pour que l'espoir, ce pilote invisible, les soutienne dans la grande traversée. Bientôt je reprendrai la mer ; mais il faut que mon messager arrive avant moi au port d'Argos. Il porte l'or-

— El lo sfratto d'Egisto alla regina
Reca dell'uom che da Tieste nato,
E fatto acerbo a me col diro padre
All'esilio dannai — ma che di furto
Quando lontano mi riseppe ancora
Nelle mie case insinuarsi ardia.
— Ove m'attende il popol mio da due
Lustri : e rivengo della Grecia tutta
Vendicator : colui non sia : non debbe
La vista sua contaminarmi.

SCENA II.

TESSANDRO E I PRECEDENTI.

Tess.   Sire !
Lo spavento è nel campo.
Atr.   E perchè ? Donde ?
.... Che fù ?
    Tess.   La proda del Sigèo risona
Ai fremiti d'Achille. Anzi taluno
Dall'irto picco che sull'onda sporge
Vidde lo spettro torreggiar!
     Atr.   La stessa
Morte non valse ad acquetarlo ?... e che
Domanda ?...
    Tess.   Il sangue di colei che un giorno
Fidanzata gli fu, là dove giacque.
    Atr.   Di Polissena? E noi fe' pago adunque
Quel de' fratelli e de' cognati a lei
Già versato a torrenti ?
            (*Poi accennando le rovine.*)
                 E questa pira
Noi vendicò dove fumano ancora
De' Priamidi l'ossa ?
    Tess.   ... Oltre la rupe
Al mar lontano ritonò distinta
La sua minaccia sepolcral, che tutte
Nel ritorno sommerse avria le navi
Se la vittima nieghi.
    Atr. (*dopo breve pausa a lui.*) Alle mie tende
Calcante appella : qui poscia la vecchia
Ecuba adduci, (*Tessandro esce ed egli a Strofio.*)
                E tu Cassandra : appieno
Vò compiacerla. Or qui potranno entrambe
Liberamente favellar — ma taci
Di Polissena.   (*Strofio s'allontana.*)

SCENA III.

ATRIDE.

     Achille spento il sangue
Della vergine grida. — Eh no! v'è sotto
Dell'augure la frode! — Ei non ignora
Come nel petto mio possente parli
La beltà di Cassandra e il suo destino,
Mentre desta gl'estinti e lor dà voce
E mi suscita il campo acciò la sua
Sorella sveni ! — Oh se Calcante m'odia !
E nella rete delle fredde insidie
Sacerdotali il cor mi frange ! È l'arte
Sua : la sua mano che grondante sempre
Di sagrifizi, e non mai stanca, or preme
Su me — la sento ! — E fingere m'è forza
E divorarmi in sen l'ira che m'arde

dre à la reine d'expulser Egisthe, ce fils de Thieste, mon ennemi, que j'ai déjà exilé avec son père ; mais qui, traîtreusement, lorsqu'il sut que j'étais éloignée, a osé pénétrer encore dans ma maison... Là où mon peuple m'attend depuis dix ans, il ne doit pas se trouver ; il ne faut pas que sa présence souille mes regards.

SCÈNE II.

LES MÊMES, THESSANDRE.

Thess. Sire, l'effroi est dans l'armée.

Atr. Pourquoi ? D'où ? Qu'est-il arrivé ?

Thess. La rive du Sigée retentit des gémissements d'Achille. Quelqu'un, du haut du pic qui domine la mer, a vu surgir le grand spectre.

Atr. Quoi ! la mort n'a pas suffi à le dompter ? Que veut-il ?...

Thess. Le sang de sa jeune fiancée, là où il est mort.

Atr. De Polyxène ? N'a-t-il pas été rassasié par le sang de ses frères et de ses parents, qui a coulé à flots ? (*En désignant les ruines.*) Et ce bûcher, où fument encore les os des fils de Priam, ne l'a-t-il pas assez vengé ?

Thess. Au delà du rocher, loin sur la mer, sa menace sépulcrale est venue jusqu'à nous ; au retour des vaisseaux, il les submergera tous si tu lui refuses cette victime.

Atr. (*après un instant de silence*). Appelle Calchas dans mes tentes : ensuite amène ici Hécube. (*Thessandre sort : il s'adresse à Strophius.*) Toi, amène Cassandre. Je veux satisfaire entièrement son désir. Elles pourront causer toutes les deux librement ici... Mais ne leur parle pas de Polyxène. (*Strophius sort*).

SCÈNE III.

ATRIDE.

Achille, quoique mort, réclame le sang de la vierge !... Non ! il se cache là-dessous quelque trahison de l'Augure. Il n'ignore pas combien de puissance ont sur mon cœur la beauté et les malheurs de Cassandre. En attendant, il réveille les trépassés, il les fait parler, il ameute contre moi l'armée pour me forcer à tuer la sœur de cette femme !... Oh ! comme il me déteste, ce Calchas ! Il me serre le cœur dans le réseau des froides trahisons sacerdotales. Ce sont ses artifices, c'est sa main, toujours teinte du sang des victimes, qui, jamais fatiguée, pèse maintenant sur moi. Je la sens... Et il faut dissimuler ; il me faut dévorer dans mon cœur la colère qui me pousse à déchi-

ATTO I, SCENA V.

A lacerar le bende onde s'ammanta
Quell' ipocrita fronte! (Ristà pensoso.)
Almen taluno
De' prenci un detto di pietà levasse
Per l'innocente vittima. (Risolutamente).
Sì, tutti
A parlamento vo'. Ma pria colui,
Destro tentar mi giova e se co' doni
O col terror più cauto sia l'accento
Al reo profeta suggellar ne' labbri.
(Esce, la scena resta vuota alcuni momenti.)

SCENA IV.

CASSANDRA E STROFIO.

Cass. Ah non è qui, non è...
Strof. Ma fie non guari.
Cass. Non m' hai tu detto che l' accolse Ulisse ?
Alla sua tenda guidami.
Strof. Concesso
Non m' è. Ti calma, posati...
Cass. La cerco,
Sul rogo della patria e vuoi ch' io posi !
Strof. Soffri, fallir non può. Qui rivederla
A te consente e non indarno Atride.
(Si ritrae alla vedetta nel fondo.)

Cass. Atride ? or donde nel sub ferreo petto
Pietà di me ! Che mai l' ha tocco ?... Ahi lascia
Misera lascia di scrutar ! Se fama
L'antidever ti diè : tu l' hai pagato
A lacrime di sangue il dono amaro.
Ed or che più ti resta? Avvi per questo
Pallido avanzo de' tuoi dì speranza,
Conforto più ? Padre, fratelli, tutto
S' è fatto polve intorno a te : ned altro
A te che il detestato Erebo arride !
(Un gruppo di schiave tratte alle navi scende
dalle ruine e attraversa nel fondo la scena.)
Ecco sparir, nè la paterna terra
Più rivedran, più mai ! Le getta il sordo
Flutto per l' odiata Ellade, resti
Della vittoria. E non coll' ago industre
A pinger ivi sulle frigie tele
Le gesta de' consorti. Ad altre abbiette
Cure sui mesti focolari il fato
Le condannò, raminghe sempre.— Ed io
Prole di re, la cara invidiata
Fra le fanciulle priamee, la suora
Del divo Ettor — io che al mio piè d'amore
Viddi struggersi un Dio, la cui parola
Armoniosa, e la pupilla ardente
A vincermi non valsero : qual nozze
Attendere potrò se non l' irriso
Amplesso dello schiavo in sui nefandi
Letti di Grecia !
(Ode appressarsi alcuno e rimasta in ascolto
prorompe.) Il suo gemito ! O madre !

SCENA V.

EGUBA, *sorretta da un'ancella incontra all' entrare* CASSANDRE *che l' accoglie fra le sue braccia.* TESSANDRO *dette poche parole a* STROFIO *sommessamente, passa oltre.*

rer les bandeaux dont s'orne ce front hypocrite !
(*Rêveur.*) Si au moins quelqu'un, parmi les princes, avait un mot de pitié pour la victime innocente (*Résolu.*) Oui ! je les convoquerai tous à un conseil. Mais je veux d'abord prudemment sonder cet homme, et voir ce qu'il vaut mieux employer, les présents ou la terreur, pour fermer la bouche à ce prophète de crimes.
(*Il sort, la scène reste vide pendant quelques instants*).

SCÈNE IV.

CASSANDRE, STROPHIUS.

Cass. Ah ! elle n'y est pas, elle n'y est pas !
Stroph. Elle va venir.
Cass. Tu m'avais dit qu'elle avait été recueillie par Ulysse. Eh bien ! conduis-moi à sa tente.
Stroph. Tu ne le peux pas... Calme-toi...
Cass. Je la cherche sur le bûcher de la patrie, et tu veux que je sois calme !
Stroph. Prends patience, elle ne peut tarder. Atride consent à ce que tu la voies, et il ne manque jamais à sa parole... (*Il se retire au fond du théâtre et y reste en sentinelle*).
Cass. Atride ! D'où vient donc cette pitié pour moi, qui règne maintenant dans son cœur? Qui l'a touché?... Hélas ! cesse, malheureuse, de sonder ce secret ! Si tu as la renommée de prévoir l'avenir, tu as payé par des larmes de sang ce don fatal. Que te reste-t-il encore ? Y a-t-il encore de l'espoir ? y a-t-il encore une consolation pour le reste misérable de tes jours? Tout est poussière autour de toi ! père, frères, tout ! Il ne te reste plus que l'enfer détesté. (*Des esclaves traînées vers les navires traversent le fond de la scène.*) Voilà ! elles ont disparu ; elles ne pourront plus contempler; jamais elles ne reverront le sol de la patrie ! La vague sourde les jettera sur l'Hellade exécrée, tristes débris de la victoire. La destinée ne les a pas condamnées à retracer, avec l'aiguille industrieuse, sur les toiles phrygiennes, les exploits de leurs maris. Non, elles sont exilées, condamnées à perpétuité à des occupations abjectes, au foyer de la douleur... Et moi, fille de rois, moi la plus chérie, la plus enviée parmi les filles de Priam, moi la sœur du divin Hector, moi, qui ai vu tomber d'amour à mes pieds un dieu dont les paroles harmonieuses et le regard brûlant n'ont pu me vaincre : quelles noces pourrai-je attendre, si ce n'est les honteux embrassements d'un esclave sur les lits détestés de la Grèce. (*Elle entend quelqu'un approcher : après avoir écouté, elle s'écrie.*) C'est sa voix plaintive ! Oh ! ma mère !

SCÈNE V.

HÉCUBE, *soutenue par une servante, rencontre en entrant* CASSANDRE, *qui la reçoit dans ses bras.* TESSANDRE, *après avoir dit quelques mots à l'oreille de Strophius, s'éloigne.*

Cass. O madre mia...!
(*E restano avvinte senza che l'emozione permetta loro la parola.*)
Ec. (*sollevando la testa*). Già morta io ti credea
E te, col padre tuo, che spirar viddi
A piè dell' are, e' co' fratelli tuoi
Che sotto il ferro dell' achèa vendetta
Caddero al fianco mio, te morta ho pianto,
Ma ti riveggo. Ancor la terra tutto
Il mio sangue non beve. Io ti riveggo
Sto nelle braccia tue!
Cass. Su me riposa
L' afflitta fronte
Ec. (*al Cielo.*) Oh grazie a te superno
Dominator dei cieli e della terra
Cui Giove è servo : a te tremendo Fato!
Poi che franto il mio scettro ed arsi i miei
Talami dove ad esser madre appresi
Me col piè nella tomba hai consolato
Della sua voce e questo mi ridoni
Soavissimo capo! Alfin chinasti
Un guardo di pietà su me... che, il sai...
Abbastanza ho di morti!
Cass. E a me non parli?
Ec. O figlia! o mia tenera figlia! il cielo
N' ha ricongiunte e separarci adesso
Più non vorrà! Ma dimmi : assai trascorse
Ch' io non ti viddi!
Cass. Il terzo giorno
Ec. E tanto
Già mi parea. Sin la memoria tolta
M' hanno gli affanni.
Cass. Era l'aurora; presso
I delubri di Pallade movea,
E ci scontrammo.
Ec. Ah se il rimembro : e tutta
A me d' innanzi in lacrime ti stavi :
E la scintilla ti fremea nel guardo
De' fatidici sdegni!
Cass. Ed or compiuto
È il vaticinio : divorar le fiamme
La città tuttaquanta e se scrollaro
La reggia i templi e la dardania rocca,
L' ira di Giuno ancor sulle fumanti
Macerie soffia della patria mia.
Più non, più mai non sorgerà! Sepolcro
La fece il parto del fatal cavallo!
Ec. Nè t'han creduto!
Cass. Dolorose assai
Mi fur le chiavi del futuro e il guardo
Nei decreti fermar dell' empia sorte.
Ma terribile, più darne l' annunzio
Per sentirmi rejetta e dissennata
Profetessa nomar. Ebbri, festanti
Mirarli e gioco della greca insidia
Inghirlandar le tazze e sulla mensa
Traditrice assopirsi!
Ec. Era destino,
Non accusarli... ei son tra l' ombre.
Cass. O noi
Misere più!
Ec. (*con affettuosa sollecitudine*).
Ma tu narrato ancora
Non m' hai dov' eri nell' atroce notte.

Cass. Ma mère! (*Elles restent embrassées, muettes d'émotion.*)

Héc. (*levant la tête*). Je te croyais morte! Je t'ai pleurée morte comme ton père, que j'ai vu égorgé devant les autels, comme tes frères, tombés à mes côtés sous les coups de la vengeance des Grecs. Mais je te revois. La terre n'a pas encore bu tout mon sang. Je te revois, je suis dans tes bras.

Cass. Repose sur moi ton front affligé.

Héc. (*en s'adressant au ciel*). Merci à toi, suprême Seigneur des cieux et de la terre, à toi, le maître de Jupiter, à toi, Destin redoutable : puisqu'après avoir brisé mon sceptre, brûlé mon lit nuptial, où j'ai appris à être mère, tu as bien voulu me consoler par sa voix, moi qui ai déjà un pied dans la tombe ; tu m'as rendu cette fille chérie! Tu as enfin jeté un regard de pitié sur moi.. qui, tu le sais, ai vu trop de morts.

Cass. Tu ne me parles pas?

Héc. Fille! ma fille adorée! Le ciel nous a réunies, et désormais il ne nous séparera plus. Mais, dis-moi, il y a longtemps que je ne t'ai vue..

Cass. Trois jours.

Héc. Cela m'a paru si long! Les douleurs m'ont ôté jusqu'à la mémoire.

Cass. C'était l'aurore ; j'allais vers le temple de Minerve, et nous nous sommes rencontrées.

Héc. Ah! je me le rappelle : tu étais toute en pleurs, et je voyais dans ton regard l'éclair d'une colère fatidique.

Cass. Maintenant, mes prophéties sont accomplies. Les flammes ont dévoré toute la ville; bien que la maison royale, les temples et la ville de Dardanus se soient écroulés, la colère de Junon souffle encore sur les ruines fumantes de ma patrie! Elle ne se relèvera jamais, jamais! Les soldats sortis du cheval fatal en ont fait un sépulcre.

Héc. Et ils ne t'ont pas crue.

Cass. Elle m'a été bien douloureuse cette clef de l'avenir, bien douloureux ce pouvoir de percer de mes regards les décrets de la mauvaise destinée ; mais il a été encore plus terrible pour moi d'en donner la nouvelle, pour m'entendre nommer prophétesse dédaignée et folle, pour les voir ivres, joyeux, jouets de l'embûche des Grecs, couronner les coupes de guirlandes, et s'endormir sur la table de la trahison.

Héc. C'était leur sort, ne les accuse pas... Ils sont morts.

Cass. Oh! que nous sommes bien plus à plaindre....

Héc. (*avec tendresse*). Mais tu ne m'as pas encore dit où tu étais cette nuit de malheur ; comment tu as pu te sauver ; quel Dieu a éloigné de

ATTO I, SCENA V.

Che scampo a te s'offerse e quale Iddio
Sviò la parca, sì che ancor ti parlo]
Fra vivi, e teco sto.
Cass.   Madre che giova
Il rammentarlo?...
  Ec. Ov' eri, di'...
  Cass. (arrossendo, esitante). Nel tempio
Di Pallade...
  Ec.   E nel sonno a te le dolci
Visioni precise ahi forse il nembo
Assalitor!
  ...*Cass.*   Vegliava.
  Ec.   Il cor presago
Dunque dormir non ti lasciò?...
  Cass.   Sedea
D' accosto l' ara alimentando il raggio
Delle lampade sacre...
  Ec. (insistendo con ansietà). Ma la porta
Sfasciò sotto l'ariete? Là dentro
Alla rapina s' avventar?... Chi primo
Ti si affacciò.
  Cass. (abbassando gli occhi). Fu Ajace d' Oilèo.
  Ec. Colui!... colui! Ma se non han le Furie
Più terribile nome!
       (Con affannosa sospensione).
       Ebben tu taci...
E ti scolori!...
  Cass. Abbrividisco.
  Ec.   Parla...
Sei colla madre tua.
  Cass.   Tutta mi strinsi
Al simulacro della Dea: con baci,
Fremiti e voti indarno ahi supplicando
La salvezza da lei! Per l' aure sacre
Odorate di mirra, il sangue sento
Che dai prostrati limitari esala!
Ardono i lauri, secolar corona
Del divino recinto, ad irraggiarlo
Di sacrilega luce! E fuor lontano
De' miei le voci disperate ascolto
Mentre sì presso a me cresce più sempre
Dello spietato vincitor lo scherno!
« Scendi la mia sacerdotessa » un greco
Ignoto a me gridò. Ma perchè immota
In quell' atto ristetti e non risposi:
Furiando ripiglia. « Oh non la Dea
Ma nè l'Olimpo intero ad involarmi
Cotal preda varria! » Conobbi Ajace!
...Ei balza e senza brando, eccolo tutto
Su me rinfalconarsi!... Al petto sento
Quelle sue mani roscide fumanti...
Sento l'alito suo! Torse la testa
Il simulacro, balenò, gemendo,
Lo sconsacrato altare — ed io che indarno
Lottai...
  Ec.   Di te che fu?
  Cass.   Divulsa svenni.
  Ec. O ciel!
  Cass.   Nè dirti già saprei le angosce
Del duro sonno. Ma lo spirto mio
Che da sordide larve avviluppato
Dibattersi credea ne' sotterranei
Abbracciamenti, esser tra l' ombre, il senso
Dell' udito riprese a tai parole:

*toi la mort; de sorte que je puis encore te parler
au milieu des vivants; que je suis avec toi.*
  Cass. Ma mère, à quoi bon le rappeler?...
  Héc. Où étais-tu? dis-moi.
  Cass. (rougissant et hésitant). J'étais dans le
temple de Pallas.
  Héc. Et peut-être cet ouragan d'ennemis a in-
terrompu les douces visions de ton sommeil.
  Cass. Je veillais.
  Héc. Un pressentiment de ton cœur t'empê-
chait donc de dormir?
  Cass. J'étais assise à côté de l'autel, entretenant
la lumière dans les lampes sacrées...
  Héc. (insistant avec anxiété). Mais la porte s'est
écroulée sous les coups du bélier?... Ils se sont
précipités dans le temple pour piller?... Qui as-tu
vu le premier?...
  Cass. (en baissant les yeux). Ajax, fils d'Oilée.
  Héc. Lui!... lui!... Mais les furies n'ont pas un
nom plus terrible! *(Très-agitée.)* Eh bien! tu t'ar-
rêtes... tu changes de couleur?
  Cass. Je frémis.
  Héc. Parle... Tu es avec ta mère!
  Cass. Je me serrai contre la statue de la déesse;
par des baisers, des frissons et des vœux, la sup-
pliant, hélas! de me sauver. — A travers l'atmo-
sphère sacrée imprégnée de myrrhe, je sentais
le sang qui s'exhalait de la porte enfoncée! Les
lauriers, cette couronne séculaire de l'enceinte
divine, brûlaient et l'éclairaient d'une sacrilège lumière. J'entends dehors, au loin, les cris déséspé-
rés de mes parents, tandis que tout près de moi
croissait de plus en plus la raillerie du vainqueur
impitoyable! — « Descends, ma prêtresse! » me
cria un Grec inconnu. Et comme je restais immobile dans la même attitude, et ne répondais
pas, il reprit tout furieux : « Oh! ni la déesse ni tout
l'Olympe ne pourraient m'arracher cette proie! »
— Je reconnus Ajax!... Il bondit, sans son épée,
sur moi comme un vautour... Je sentais sur ma
poitrine ses mains humides, fumantes... Je sentais son haleine!... La statue de Pallas détourna la
tête. L'autel profané chancela en gémissant, et
moi qui luttais en vain...

  Héc. Que t'est-il arrivé?
  Cass. Arrachée de l'autel je me suis évanouie.
  Héc. Oh ciel!
  Cass. Je ne saurais te raconter les angoisses de
mon lourd sommeil. Mon esprit environné de
hideux fantômes paraissait se débattre contre
eux; je croyais subir les embrassements souter-
rains des ombres. Je repris mes sentiments en
entendant ces mots: « J'ai vengé le rapt d'Hélène

« D'Elena il furto io vendicai su questa
Del profumato rapitor sorella :
Tanto reca ad Atride e ch' ella è mia. »
 Ec. (infiammandosi). No! per gli Dei!
 Cass. L' accento era d'Ajace;
Ma pur non ruppe il mio sopor ferale,
Ecco di novo allor tornar mi parve
Silenziosa fra le morte genti.
Tutto per l'aër cieco a me d' intorno
Pietà spirava, e nell' immenso vuoto
L' eco ripercotea della tradita
Pergamo! Io piansi sulla patria mia
Ramingando a Cocito e per la fredda
Riva spirito ignudo e solitario
Piansi il mio cinto virginal (reprimendosi).
 L' aurora
Venne, mi scosse dalle strane coltri
Un' ancella, ricovero le tende
M' avea nemiche, e lì cader digiuna
Viddi l' ultimo sole.
 Ec. ..... Eran d'Ajace
Le tende?
 Cass. No più nol vidd' io, nè dirti
L'ospite so.

SCENA VI.

TESSANDRO E LE PRECEDENTI.

 Tess. D'alto favor Cassandra
A te m' affretto messager. Lo stesso
Atride or qui m' invia: che te su tutte
Le figlie d'Ilo celebrata e bella
Seco le prode a salutar destina
Della felice Argolide.
 Cass. (nel cui volto traspare il subito tumulto
dell' anima). Sua schiava!
 Tess. Compagna, amica sua. La regal prora
T' attende, vieni.
 Ec. (a lui). O ciel tu ne separi
Per sempre e fausto messagger t' appelli?
 Tess. L' incarco adempio
 Ec. Ma dell' altra mia
l'overa figlia che sarà?
 (Insistendo con voce accorata).
 Ti chieggo
Di Polissena.....
 Tess. Nol cercar.....
 Ec. Che! puoi
Così risponder d' una madre al core?
..... Non hai tu figli?
 Tess. Il suo destino ignoro
 Ec. No che tu il sai! Via, di', viv' ella ancora?
O spento è già delle sue luci il raggio!
 Tess. Ben vive ancora : ma.....
 Ec. (trangosciando). Finisci.
 Tess. Achille
Della sua tomba in olocausto a Greci
La ridomanda.
 Ec. Ahimè che ascolto! E morto
E ancor contra il mio sangue Achille arrabbia!
Non ella, no: perir degg' io. S' el cadde
Per la freccia di Paride, la madre
Del feritor son' io.

sur cette sœur du ravisseur efféminé : rapporte cela à Atride et dis-lui qu'elle est à moi...
 Héc. (en s'irritant.) Non, de par les dieux !
 Cass. C'était la voix d'Ajax : mais elle ne me retira pas de mon engourdissement funeste. Je crus retourner, silencieuse, parmi les morts ; autour de moi, l'air noir respirait la pitié, et dans le vide immense retentissait l'écho de Pergame trahie ! Je pleurai sur ma patrie émigrant au Cocyte ! Et sur le froid rivage, ombre solitaire, je pleurais ma ceinture virginale....
 (Se contenant.) L'aurore est venue, une servante me réveille sur une couche étrangère; j'étais logée sous les tentes de l'ennemi, et là, sans manger, j'ai vu tomber le dernier soleil.

 Héc. Étaient-ce les tentes d'Ajax ?
 Cass. Non, je ne l'ai pas revu, et j'ignore quel est mon hôte.

SCÈNE VI.

LES MÊMES, THESSANDRE.

 Thess. Je m'empresse, Cassandre, de t'annoncer une grande faveur. C'est Atride lui-même qui m'envoie pour te dire qu'il te choisit, toi, la plus belle et la plus fameuse des filles d'Ilus, pour aller avec lui saluer les rives de l'heureuse Argolide.
 Cass. (ne pouvant cacher son effroi). Son esclave !
 Thess. Sa compagne, son amie ; le navire royal t'attend : viens.
 Héc. (à Thess). Ciel, tu nous sépares pour toujours, et tu t'annonces comme messager de bonheur ?
 Thess. Je remplis ma mission.
 Héc. Que fera-t-on de mon autre pauvre fille (en insistant avec une voix brisée)? je te demande Polyxène.
 Thess. Ne me questionne pas.
 Héc. Quoi? tu peux répondre de la sorte au cœur d'une mère ?... n'as-tu pas d'enfants ?
 Thess. J'ignore son sort.
 Héc. Non... tu le sais... Dis moi, je t'en prie : vit-elle encore ?
 Thess. Elle vit encore ; mais...
 Héc. (avec anxiété). Finis !
 Thess. Achille de son tombeau la demande en sacrifice aux Grecs.
 Héc. Hélas ? qu'entends-je ? Achille est mort, et il sévit encore contre ma famille. Mais non, elle ne doit pas périr : c'est à moi de mourir. S'il est tombé par la flèche de Pâris, c'est moi qui suis la mère du meurtrier.

ATTO I, SCENA VI.

Strof. (*riaccostandosi dal fondo*). Misera spera.
Resiste Atride all' iracondo spettro
E non ancor tal sacrifizio i Duci
Deliberar.
   Ec.   Che parli? Ed io potrei
Sperar da lui che in Aulide la propria
Figlia svenò? Sperar che questa mia,
Del suo nemico prole : involi al cultro
Sacerdotale per pietà di noi?
..... No, No ; sol dimmi ove son essi i Duci
   Strof. Là sulle navi : e a che mel chiedi?
   Ec.   L' onda
Frangerò col mio petto.,...
   Strof.   A che?
   Ec. (*furente*).   Mi lascia
Affrettarmi degg' io : da quelle mani
Strappar vo' l' ostia! (*s'avvia al mare ma respinta
da Tessandro cade nelle braccia di Cassandra*).
   Cass. (*fatto cenno agli altri due d'allontanarsi*).
                    Ti rincora, un cieco
Impeto perde. Non a te la prora
Salir del re dei re diedero i fati
— Son io l' eletta!
   Ec. (*riscotendosi*). E tu n' esulti o figlia!
Non temi tu l' acerbo letto?
   Cass. (*premendosi al cuore la destra materna*).
                   Senti
Son fremiti di gioja!
   Ec. (*attonita*).   Ah... non t' intendo...
Il suon mutò della tua voce : e quella
Non sei tu più.
   Cass.   Madre qui dentro batte
Il Dio della vendetta : ed or....
   Ec.   Che dici?
   Cass. Non a Pallade più che l' immortale
Odio sfamò col nostro eccidio : quando
A spietarla il disperato mio
Pianto fu vano : e non alla superba
Ecate che dal ciel lieta innargenta
I funerali della patria mia :
Non a costoro, no, più la riposta
Lampada accenderò. Lo spirto mio
Sull' ali del dolor levossi ad altra
Divinità che degli oppressi è madre :
Che dall' eterno solitario trono
Vendicatrice in core agli oppressori
Le sue folgori ammorza. — E sua già sono !
Sacerdotessa io son della siderea
Nemesi : e tale ascenderò l'antenna
Del tuo nemico.
   Ec.   Ma se fatta sono
Già cadavere quasi e sol di roghi
Feconda, posso io mai lo stanco petto
Col fremito cibar della vendetta ?
L'alta giustizia di che parli : posso
Attendere quaggiù ? Che tu mi salvi
Polissena dall' are : e quelle sue
Tenere tempia dal viluppo sciolga
Delle bende ferali : è il prego mio :
Il mio supremo desiderio, il solo :
E per me tutto ! Che se questo Atride
Divorator de' miei viva mi torna
La tua sorella : io la regal mia fronte

Stroph. (*se rapprochant du fond*). Espère,
malheureuse. Atride résiste au spectre furieux,
et les autres chefs n'ont pas encore décidé ce sacrifice.
   Héc. Que dis-tu? Que pourrai-je espérer de cet
homme qui a égorgé sa fille en Aulide ? Puis-je
espérer qu'il arrache, par pitié pour nous, ma
fille, la fille de son ennemi, au couteau sacerdotal ?... Ah non ! Dis-moi seulement où sont les
chefs des Grecs ?
   Stroph. Là-bas sur les navires : pourquoi le demandes-tu ?
   Héc. Je traverserai la mer à la nage.

   Stroph. Dans quel but ?
   Héc. Laisse-moi me hâter : je veux arracher la
victime de leurs mains. (*Elle va pour se jeter à
la mer ; elle est repoussée par Thessandre et
tombe dans les bras de Cassandre.*)
   Cass. (*fait signe aux autres de s'éloigner.*)
Rassure-toi : une impétuosité aveugle pourrait
nous perdre. Le destin ne te permet pas de
monter sur le navire du roi. C'est moi qu'il a
choisie.
   Héc. (*revenant à elle*). Et tu en es ravie, ma
fille ? tu ne crains pas le lit amer !
   Cass. (*en mettant sur son cœur la main d'Hécube*). Entends-tu ? ce sont des frémissements de
joie !
   Héc. [*étonnée*]. Ah ! je ne te comprends pas :
le son de ta voix a changé et tu n'es plus la même.

   Cass. Ma mère, ici en moi c'est le dieu de la
vengeance qui palpite ; et maintenant...
   Héc. Que dis-tu ?
   Cass. Ce n'est plus à Pallas, qui a rassasié sa
haine immortelle de notre extermination, alors
que mes pleurs désespérés n'ont pu l'émouvoir :
ce n'est pas à l'orgueilleuse Hécate, qui d'un rayon
d'argent éclaire d'en haut les funérailles de ma
patrie : non, ce n'est pas pour ces déesses que
j'allumerai désormais la lampe secrète. Mon esprit s'est soulevé sur les ailes de la douleur vers
une autre divinité qui est la mère des opprimés :
qui pour venger du haut de son trône éternel et
solitaire éteint ses foudres dans le cœur des op-
presseurs... Je lui appartiens déjà ! Je suis prêtresse de la Némésis céleste : c'est en cette qua-
lité que je monterai sur le vaisseau royal de ton
ennemi.

   Héc. Comment ! Je suis presqu'un cadavre, et
je pourrai, moi *féconde seulement en bûchers*,
nourrir mon cœur fatigué des frémissements de
la vengeance ? Puis-je attendre ici-bas la grande
justice dont tu parles? Arrache-moi Polyxène de
l'autel, et délivre des bandeaux mortels son front
délicat, voilà ma prière, mon dernier vœu, le
seul.... C'est tout pour moi ! Si cet Atride, des-
tructeur de ma famille, me rend la sœur vivante,
j'humilierai sans regret mon front royal devant
lui, sans maudire sa race, sans pleurer !

Atterrerò senza corruccio a lui,
Senza imprecar sovra il suo sangue : senza
Una lacrima più !
 Cass.   Parto, l'indugio
Fatal saria.
 Ec. M'abbraccia....
 Cass.   E tu col bacio
Materno tuo consacrami....
 Ec. (*baciandola in fronte*). Deh dimmi
Più mai ci scontrerem ? L'esilio mai
Non mi darà di rivederti ?
 Cass.   Mai ?
 Ec. E fatte polve : allora ?
 Cass. (*con accento profetico*). Allor tre mari
Separeran le nostre tombe !
 Ec.   Ah invano !
Perchè se fosse l'infinito abisso :
Ombra anelante il varcherei per questo
Amplesso tuo !
 Cass. Cercarti io deggio dove
A me precorsa, poche lune, o madre !
Ad aspettarmi avrai.
 Ec.   Sotterra solo
Riabbracciarti m'è concesso adunque !
 Cass. Sì, ma raggiante della gran vendetta !
 (*Si staccano ma poi avviandosi i loro sguardi s'incontrano e ritornano all' amplesso. E intanto che Strofio e Tessandro s' avvanzano cade la tela*).

Cass. Je pars, tout délai nous serait fatal.
Héc. Embrasse-moi.
Cass. Et toi de ton baiser maternel, consacre-moi.....
Héc. Oh dis ! Nous rencontrerons-nous encore ! L'exil me permettra-t-il de te revoir ?
Cass. Jamais !
Héc. Et après la mort... alors ?
Cass. (*avec un accent prophétique*). Alors, trois mers sépareront nos tombeaux.
Hécub. Ce serait en vain. L'abîme qui nous séparera fût-il infini, ombre, je le franchirais encore, pour être dans tes bras.
Cass. Ce sera à moi de te chercher là où tu m'auras précédée : tu ne m'attendras que pour peu de mois.
Héc. Je ne pourrai donc t'embrasser une autre fois que sous terre ?
Cass. Oui, mais rayonnante de la grande vengeance. (*Elles se séparent, mais leurs regards se rencontrent et elles s'embrassent de nouveau. Pendant que Strophius et Thessandre s'approchent, le rideau tombe.*)

ATTO SECONDO.

L'atrio della reggia in Argo. A destra la gradinata che mette all'interno.

Le vestibule du palais royal à Argos. A droite l'escalier qui mène à l'intérieur.

SCENA PRIMA.

CLITENNESTRA *che ha in mano il dispaccio del Re*, EGISTO *in atto d'accommiatarsi.*

 Egist. No, mia regina, non poss'io nè deggio
Qui rimaner. — Se a me fanciullo ancora
Marcò l'esilio sulla mesta fonte
Dei Plistenidi l'odio, e tu degnasti
Cancellarne la macchia : oggi quel foglio
La rinovella : e non mi lice omai
Che ritesser la via dove del padre
Sepolte ho l'ossa ; attender che il mio
Destino là su quella stessa tomba
Pur si consumi. — Assai la grazia tua
Può, ma non l'astio vincere di lui,
Che lo scritto vergò, nè farlo mite
Al cugino infelice. — Ei vien superbo
De' trionfi non suoi ; fra le tempeste
Implacato s'avanza : E me, due volte
Proscritto già, me triste ingombro dove
La vittoria lo porta, oh non saprebbe
Patir nel dì che agli usurpati troni
Avido torna di Micene e d'Argo.
 Clit. Perchè disperi ? A queste prode ancora

SCÈNE PREMIÈRE.

CLYTEMNESTRE *tient à sa main la dépêche du roi ;* EGISTHE *est sur le point de partir.*

 Égist. Non, reine, je ne dois pas rester ici. Si l'exil, lorsque j'étais enfant, a marqué sur mon front soucieux l'empreinte de la haine des Plisthénides, dont tu as daigné effacer la trace, cette lettre aujourd'hui la renouvelle. Il ne m'est plus permis désormais que de reprendre ma route vers l'endroit où j'ai inhumé les restes de mon père ; et là, sur la même tombe, d'attendre que ma destinée s'accomplisse. Ta faveur peut beaucoup, mais elle ne pourra jamais dompter la haine de celui qui a écrit cette lettre, ni adoucir son cœur envers son cousin malheureux. Atride s'avance implacable au milieu des tempêtes ; et le jour où il reviendra avidement s'asseoir sur les trônes usurpés de Mycènes et d'Argos, il ne pourra plus me supporter, moi qu'il a proscrit deux fois, moi qui suis un obstacle importun là où le porte la victoire.

 Clyt. Pourquoi désespérer ? Il n'est pas encore

ATTO II, SCENA I.

Non s' affacciò. Che se l'offeso Olimpo
Sui greci legni scatenò la furia
De' venti ; e fama d'ogni parte corse
Che per lo sdegno de' celesti a tutti
Il mar fu tomba : onde ti turbi e sogni
Che la sua nave, la più rea di tutte,
Nella ruina universal potesse
Dall' abisso involarsi ?
  Egist.   E quel decreto
Altri conosce ?
  Clit.   Alcun. — Ma perchè il chiedi ?
D' altri paventi ?
  Egist.   All'agitato mio
Spirto perdona. Una crudel vicenda
Di speranze e terrori il risospinge
Dalle stelle all' abisso.
  Clit.   E l' amor mio
Non t' assecura ! e pensi tu che quando
Lo rivedessi ancor potrei gettarmi
Nelle sue braccia ed obliarti ? — Ha forse
Dritti su me colui, che le mie nozze
Dimenticando d' amarezza sparse
I più cari miei dì ? Che stretto il ferro
Mi vedovò : che la decenne assenza
Ad emendar qui m'adducea da Troja
L'amante sua Cassandra ? — Oh posso io mai
Per chi la figlia mia con empia fraude
Sovra l' are immolò, pronto accusando
Gli oracoli crudeli anzi che quella
Sua smisurata ambizion d' impero :
Per tal marito e per tal padre posso
Altro provar che l'abbominio !
  Egist.   E quale
Disegno chiudi ?
  Clit.   La vendetta mia
Consumarono i flutti.
  Egist.   Onde ?
  Clit.   Più mai
Nol rivedrò — più mai !
  Egist.   Sì fermi accenti
Ha la sola certezza.
  Clit.   È ver. M' affida
Il cielo.
  Egist. Il cielo ! E perchè in me non desti
La stessa fede ?
  Clit.   Portentoso annunzio
Al guardo mio nella decorsa notte
Balenò di lassù.
  Egist.   Deh come ? narra.
  Clit. A mezzo il corso ell' era. Io dalle stanze
Superne scesa ai penetrali dove
Alla squallida cena entran le Parche,
Supplice stava a delibar nel rito
Esecratorio : allor che me repente
Dalla città lontano un interotto
Spandersi di lamenti all' esca tolse
Della gradite visioni. Sorgo,
E più cupo si fa. Trepida varco
I limitari ed all' aperto salgo
Della persica loggia. Il crederesti ?
Non era voce di viventi l' eco
Addolorante, ma gemea la selva

en vue de ces rivages. Si les dieux offensés ont déchaîné contre les navires des Grecs la furie des tempêtes, si l'on croit partout que la colère céleste les a fait tous engloutir par la mer, pourquoi te troubler? Pourquoi rêver que son vaisseau, le plus criminel de tous, ait pu échapper à la ruine générale ?

Égist. Quelqu'un connaît-il ce décret ?

Clyt. Personne. — Pourquoi le demandes-tu ? Crains-tu quelqu'un ?

Égist. Pardonne à mon esprit troublé. Un mélange d'espoir et de terreur le fait tomber du ciel en enfer.

Clyt. Mon amour ne te rassure-t-il pas assez ? Crois-tu que même en le revoyant je pourrais tomber dans ses bras et t'oublier ? — A-t-il des droits sur moi cet homme qui, oubliant d'être mon mari, a couvert de malheurs mes plus beaux jours, a tiré l'épée en me laissant ici veuve avant l'heure ? Cet homme qui, pour se faire pardonner une absence de dix ans, revient de Troie accompagné de Cassandre, sa maîtresse ? Pourrais-je jamais oublier qu'avec d'infâmes mensonges il a sacrifié ma fille sur l'autel, en accusant plutôt les oracles que son ambition démesurée ? Pour un tel mari, pour un tel père, puis-je ressentir autre chose que de la haine ?

Égist. Quel est ton projet ?

Clyt. Les flots ont accompli ma vengeance.

Égist. Comment?

Clyt. Je ne le reverrai jamais.

Égist. La certitude seule peut s'exprimer ainsi.

Clyt. C'est vrai : le ciel m'inspire.

Égist. Le ciel ! Pourquoi ne partages-tu pas avec moi cette confiance ?

Clyt. Un présage merveilleux envoyé du ciel a brillé devant mes yeux la nuit dernière.

Égist. Comment ? Raconte-moi, je t'en supplie.

Clyt. La nuit était au milieu de son cours. J'étais descendue de mes chambres supérieures à la chambre secrète où les Parques trouvent leur funèbre repas. Je faisais mon offrande à genoux, livrée tout entière à la cérémonie expiatoire : lorsqu'à l'improviste un bruit lointain de plaintes dans la ville m'arrache à mes douces visions : Je me lève, mais le bruit devient de plus en plus terrible. Toute tremblante, je traverse le seuil et je monte au balcon persique. Le croiras-tu ? ce n'était pas l'écho plaintif des voix des vivants, c'était la forêt, cette gardienne des rois morts, qui gémissait ! Je lève les yeux vers le firmament, et

De' morti re custode ! Alzo le luci
Al firmamento, e non pioveà più raggi,
Però che l' astro delle notti a un tratto
Ottenebrossi, e dall' argentea spera
Null' altro più mi rilucea che l' orlo
Quasi anello di sangue !
 Egist.   E ben ferale
Presagio in ciò s' avvisa, anzi la morte
D' un coronato : ma non è, che segni
Il nipote d'Atreo.
 Clit.   ...S' avanzi dunque
Dalle vinte contrade a queste sedi.
La pitonessa dalle fulve chiome
Nol salverà benchè il futuro accenni.
Alle vindici Erinni io l' ho già sacro :
E nelle braccia mie godrà l' amplesso
Delle fiere sorelle.
 Egist.   A noi più certe
Novelle Marsia porgerà.
 Clit.   Qual via
Prese ?
 Egist. La costa.
 Clit.   Ed arrestarsi, a quale
Terra dovea ?
 Egist. Non pria che tocche avesse
D'Epidauro le mura.
 Clit.   Indugia, parmi.
 Egist. Sai che più fido esplorator prescerre
Io non potea. — S' ei tarda è chiaro indizio
Che si dubita sempre.
 Clit.   Or ben qual sia
L' evento, a te con fermo animo è forza
Affrontarlo in silenzio. Al fianco mio
Già da lunga stagion le cure meco
Dello stato dividi. Oggi s'ei riede
Il tuo nemico e mio : tu non che l'onta
Accettar dell' esilio, ov'io t'accenni,
Al tuo debito adempi.

SCENA II.

MARSIA E I PRECEDENTI.

 Mars.   Entrar mi lice.
 Egist. Eccol !...
 Clit. T'accosta — a te libero sempre
L'accesso fia.
 Mars. Regina !...
 Clit. (impallidendo), Ebben ?
 Egist. (con trepida ansietà). Che annunzi ?

 Mars. La salvezza d'Atride.
 Clit.   Che !...
 Mars.   Le navi
Corteggio a lui, s'inabissar nell'atre
Fauci del mare.
 Clit. ...Ma la sua ?
 Mars.   Risalse
Ed ai flutti sovrasta.
 Clit.   Ma veduta
Forse l'hai tu cogli occhi tuoi ? Veduto
A salvamento il re ? Chi può l'esatto
Novero dar de' naufraghi ? Contarli
Nell' arcano dell' onde ?

il n'y avait plus de lumière, car l'astre de la nuit s'était voilé tout à coup, et sur l'horizon argenté on ne voyait que le bord de la lune semblable à un cercle de sang.

Égist. C'est vraiment un présage de malheur : même il annonce la mort d'un roi : mais il n'y a pas d'indices pour que ce roi soit le neveu d'Atrée.

Clyt. Eh bien ? qu'il vienne donc sur ce rivage des contrées subjuguées ; la pythonisse à la rouge chevelure ne pourra pas le sauver, quoiqu'elle connaisse l'avenir. Je l'ai déjà consacré aux Erynnys vengeresses, et il trouvera dans mes bras le baiser des sœurs redoutables.

Égist. Marsyas nous apportera des nouvelles plus sûres.

Clyt. Quelle route a-t-il prise ?

Égist. La côte.

Clyt. Où devait-il s'arrêter ?

Égist. Pas avant de toucher les murs d'Épidaure.

Clyt. Il tarde, je crois.

Égist. Tu sais que je ne pouvais pas choisir d'explorateur plus fidèle que lui. S'il tarde c'est qu'on doute toujours.

Clyt. Quel que soit l'événement qui nous attend, il faut que tu le défies en silence avec courage. Depuis longtemps tu partages avec moi les soucis de l'État. S'il revient aujourd'hui ton ennemi et le mien, loin d'accepter la honte de l'exil, tu dois sur un signe de moi remplir ta mission à mon côté.

SCÈNE II.

MARSYAS ET LES PRÉCÉDENTS.

Mars. M'est-il permis d'entrer ?
Égist. Le voilà !...
Clyt. (à Marsyas.) Approche : n'as-tu pas le droit d'entrer à toute heure ?
Mars. Reine !...
Clyt. (pâlissant.) Eh bien ?...
Égist. (en proie à une vive anxiété.) Que viens-tu nous annoncer ?
Mars. Le salut d'Atride.
Clyt. Quoi !
Mars. Les vaisseaux de son escorte se sont abîmés dans le gouffre profond de la mer.
Clyt. Mais son vaisseau à lui ?...
Mars. Il a remonté seul... et seul il vogue sur les flots.
Clyt. L'as-tu vu de tes yeux ? As-tu vu le roi sain et sauf ?... Qui a pu te dire le nombre exact des naufragés ?... Qui a pu les compter dans le sein des vagues mystérieuses ?

Mars.   Ove ti piaccia
La gran torre, salir che dalla reggia
L'orizzonte dell' acque al guardo schiude....
  Clit. Prosegui pur...
  Mars.   La detestata prora
Trionfalmente sorvolar vedrai
Per le quete correnti. E non a lutto
Parata già, ma delle tolte porpore
Al trucidato Dardanide, tutta
Arieggiante a festa.
  Egist.   E dista molto...
Da queste rive?
  Mars.   Pochi stadi.
  Clit. (verso Egisto).   Egisto
Vieni.
                              (A Marsia.)
  Di qui non ti scostar, m' attendi.

SCENA III.

MARSIA *solo.*

Desolante messaggio ad ambo giunsi,
Sebben fedele. E come cadde Egisto
Dall' alterezza che rideagli in fronte.
Or che farà? Come affacciarsi al prence :
Mentre che tanto de' maggiori loro
Odio li parte, e gelosìa d' impero?
Potrà scusarsi a lui che già bandito
Due volte l' ha? Che fia? Donde salvarlo?
E in che s' affida Clitennestra? A quale
Intento qui me rattenea? Salvarlo !
E me d' oscura stirpe e noto solo
Per l' amico dell' esule, chi salva...
Dal corruccio d'Atride? Ha la regina
Tanto poter? *(Ristà pensoso.)*
        Ma se non essa, i figli
Educati da me sulle cui labbra
Destai gli accenti della greca musa :
Non mi varranno intercessori al padre?
Sperimentarlo gioya; e con piegate
Vele frattanto rasentar lo scoglio
Che minaccia di perdermi.

SCENA IV.

CLITENNESTRA E MARSIA.

  Mars.   Vedesti?
  Clit. Il vero hai detto : ma non parte Egisto.
Muto sembianze e panni, e l'ho celato
Nei penetrali dell' attiguo tempio!
Risorgerà quando l' istante arrivi
Della vendetta. Or se colui già scese
All' ancoraggio : e tu ratto gli anziani
E i sacerdoti ad incontrarlo manda.
Nè dalla reggia uscir. Ma Elettra, Oreste
Con accorte parole alla paterna
Accoglienza disponi e pronto lieto,
Ossequioso e più che mai securo
Al re ti mostra.
  Mars.   E se d'Egisto chiede?
  Clit. Subì l'esilio.

Mars. Si tu montes sur la grande tour qui tient au palais, et du haut de laquelle le regard découvre l'immense étendue liquide qui se déroule jusqu'à l'horizon.....
  Clyt. (*l'interrompant.*) Continue !
  Mars. Tu verras le navire détesté s'avancer triomphant sur les eaux paisibles. Non, ce n'est pas le deuil qu'il apporte, car il bondit de joie sous les voiles de pourpre arrachées aux Troyens égorgés.
  Egist. Est-il encore bien éloigné...... de ce rivage?
  Mars. Il en est à quelques stades à peine.
  Clyt. (se tournant vers Égysthe). Viens, Égisthe. *(S'adressant à Marsyas.)* Ne sors pas d'ici ; attends-moi à cette place.
                       (Elle sort avec Égisthe.)

SCÈNE III.

MARSYAS *seul.*

Je suis aujourd'hui pour tous les deux un messager de bien mauvais augure, quoique fidèle. Comment Égisthe a-t-il perdu comme par enchantement l'orgueil qui brillait sur son front altier. Comment aborderait-il le prince, ayant l'un et l'autre hérité de leur père une haine sans bornes et la jalousie du pouvoir? Égisthe réussira-t-il à se justifier auprès de celui qui l'a déjà banni deux fois? Qu'arrivera-t-il? Comment le sauver?..... Et Clytemnestre, en quoi met-elle sa confiance? Dans quel but me retient-elle ici?... Le sauver ! Mais moi, né d'une race obscure, moi qui ne suis connu que pour être l'ami de l'exilé, qui me sauvera de la fureur d'Atride? La reine sera-t-elle assez puissante? *(Il reste un moment pensif.)* A défaut de la reine, les enfants que j'ai élevés, et dont j'ai exercé les lèvres à redire les doux accents de la muse grecque, n'intercéderont-ils pas avec succès en ma faveur? C'est un moyen à essayer. En attendant, il me paraît sage de serrer toutes les voiles pour tourner l'écueil où je suis menacé de me briser.

SCÈNE IV.

CLYTEMNESTRE ET MARSYAS.

  Mars. Eh bien ! as-tu vu?
  Clyt. Tu disais vrai, mais n'importe, Égisthe ne partira pas. Il a changé de visage et de vêtements, et je l'ai mis en sûreté dans le coin le plus reculé et le plus secret du temple voisin. Il se montrera dès que l'heure de la vengeance aura sonné. Maintenant qu'Atride doit avoir jeté l'ancre, hâte-toi d'envoyer à sa rencontre les anciens et les prêtres. Puis, au lieu de quitter le palais, prépare Électre et Oreste à accueillir leur père avec des paroles tendres. Toi-même ensuite auras soin de te montrer au roi plus empressé, plus soumis, plus joyeux, et plus tranquille que jamais.
  Mars. Et si le roi s'informe d'Égisthe?
  Clyt. Tu lui diras qu'il est en exil.
                              (Marsyas sort.)

SCENA V.

CLITENNESTRA sola.

Simular, non altro
Al più debole resta. È ver che pochi
Cape la nave solitaria, e quasi
Naufraghi tutti, ma vi stà la druda
Divinatrice che del fiacco Atride
Arbitra fatta, non l'avrà lasciato
Senza sospetti or che la morte mia
È il più bel sogno de' suoi folli amori!
(*verso il fondo, in ascolto*).
Odi.....? Fra liete grida Argo saluta
Il vincitor. Anzi talun s'avanza
Rapido qui : l'Araldo suo.....

(*S'avanza l'Araldo, ma giunto all'atrio s'inginocchia e bacia i limitari*).

SCENA VI.

CLITENNESTRA, L'ARALDO.

Clit. Che rechi?
L'Araldo. Salvo e felice da che tanta volse
Stagion di lutti alle tue soglie ancora
Ecco m'atterro o regal donna, e primo
T'annunzio Atride.
Clit. (*confusa e dissimulando.*) Ad insperate gioje
Mi desti !..... e dimmi dunque : se la nave
Felicissima sua, la sola ch'io
Testè mirassi veleggiar dall'alto
Terrazzo a me, con esso, or qui radduca
Elena pure e Menelao.....
L'Araldo. Diverso
Legno gli accolse.....
Clit. Ebben, salvezza almeno
Ad altre piagge attinsero? Tu taci.....
Oimè!
L'Araldo. Nessun di noi certa contezza
Darti sapria, poichè delle affondate
Prore dell'altre che disperse il nembo
Per l'ampie solitudini sol' una
Fulminata e riversa al guardo apparve.
Clit. Ed era?
L'Araldo. Quella che portava il fiero
Signor di Locri.
Clit. Ajace d'Oilèo?
Che fù di lui?
L'Araldo. Rigalleggiar sull'acque
Noi lo vedemmo e ben due volte all'imo
Sfuggir, nè vinto già che per la costa
S'inerpicò, su cui splendido sempre
Nell'armi sue la terza volta emerse
Tutto dalla spumante ira de' flutti.
Allor... lo crederesti? ei d'un accento
Che il ruggito de' vortici vincea
Osò sfidare i cieli... a scherno torsi
Il Fattor delle folgori. Ma l' empio
Finito non avea che giù dell'irta
Roccia sur esso rotolò un immane
Masso che il franse... e l'ultima bestemmia
Gorgogliò nell' abisso !

SCÈNE V.

CLYTEMNESTRE seule.

Feindre, voilà l'unique ressource de ceux à qui la force manque. Il est vrai que le seul vaisseau qui ait échappé au naufrage ne saurait contenir un nombre considérable de personnes; mais il y a parmi eux la captive devineresse qui gouverne le faible Atride, et elle aura à coup sûr éveillé en lui des soupçons depuis que ma mort est le rêve le plus ardent de leurs folles amours. (*Elle tend l'oreille vers le fond de la scène pour écouter.*). Qu'entends-je?... Argos salue le vainqueur en poussant des cris d'allégresse !... Il me semble que quelqu'un s'avance à la hâte de ce côté..... C'est son héraut !...
(*Le héraut se présente ; arrivé au vestibule il se met à genoux et baise le seuil.*)

SCÈNE VI.

LE HÉRAUT ET CLYTEMNESTRE.

Clit. Quelle nouvelle?...
Le héraut. Je suis heureux, ô reine, au retour de combats longs et terribles, de me prosterner sur le seuil de ton palais, et tout d'abord de t'annoncer Atride.
Clyt. (*dissimulant son embarras*). O félicité inespérée !... Mais, dis-moi, son vaisseau trois fois privilégié, le seul que j'aie aperçu naguère, du haut de la tour, fendant les vagues azurées, ce vaisseau m'a-t-il aussi ramené Hélène et Ménélas ?
Le héraut. Ils se trouvaient sur un autre navire...
Clyt. Mais enfin ont-ils abordé vivants à quelque plage?... Hélas ! tu gardes le silence ?...
Le héraut. Nul de nous ne pourrait le dire, car de tous les vaisseaux que l'orage a dispersés sur la vaste mer, un seul a été vu plus tard renversé et foudroyé.
Clyt. Et c'était le navire?...
Le héraut. C'était le navire qui portait l'intrépide chef des Locriens.
Clyt. Ajax, fils d'Oilée?.... Qu'est-il devenu ?
Le héraut. Nous le vîmes deux fois flotter sur l'eau et deux fois au moins s'enfoncer dans la mer. Il n'était pas vaincu cependant, car on le vit de nouveau surgir de l'écume des flots irrités, et toujours couvert de son armure étincelante grimper sur un rocher. Alors.... le croiras-tu ? d'une voix qui dominait les mugissements des vagues, il osa défier le ciel.... il railla le dieu qui tient la foudre. Mais l'impie n'eut pas le temps d'achever, car une pierre énorme se détachant du rocher l'entraîna dans la mer..... et son dernier blasphème murmura dans l'abîme.

Clit. (*tornando agitata dal fondo*).
                              E qual dei Duci
Sta con Atride?
L'Araldo.   Evvi Tessandro e Strofio
Congiunto a lui...
Clit.   Ned' altri v'lia?
L'Araldo. Cassandra.
(*Clitennestra volgendogli le spalle va incontro ai figli sulla gradinata*).

SCENA VII.

MARSIA, ORESTE, ELETTRA, LA NUTRICE.
E I PRECEDENTI.

Clit. (*accarrezzando i fanciulli*).
Ilari al padre che s'avanza, or voi
L'affettuoso filial saluto
Darete qui (*movendo verso l'aperto con essi*).
                    La trionfal sua rota
Stride già presso. Eccolo... è lui.

SCENA VIII.

Preceduto dai Sacerdoti, s'affaccia ATRIDE *sul carro e gli sta allato* CASSANDRA, *lo seguono* TESSANDRO, *gli* ANZIANI, *le* GUARDIE, *e dietro la folla del popolo.*

Tess.   Salute
E gloria al re!
Sacerdoti. L'alto favor de' Numi
Lo guardi!
Tutti gli altri. E l'amor nostro!
Atr. (*disceso verso Clitennestra e i figli*).
                  Alfin v'abbraccio...
O sposa! O figli miei!
Clit. (*indirizzandogli Elettra ed Oreste*).
                          L'affetto mio
Sulle labbra d'entrambi, a te risponda.
Elet. Toccavo un lustro appena
Quando varcasti il mare,
Pur le sembianze care
Non obliava il cor!

Or naufrago la fama
Or ti dicea trafitto
E del crudel conflitto
Peggio il ritorno ancor.

Deh... ripetea sovente
Molle di pianto i rai,
Deh che non torni mai
L'amato genitor?

Ma la speranza valse...
Ma ti riveggo adesso...
Ma nel paterno amplesso
Dimentico il dolor!
Or. (*con vivacità*). Vincesti, e di te figlio
Sento l'orgoglio della tua vittoria!
Nè m'accora periglio
O fatica che i giorni apre alla gloria!
    E se la destra mia
Crescer non debbe dello scettro indegna...
Maestro mio tu pria
L'asta vittrice a palleggiar m'insegna!

Clyt. (*revenant très-agitée du fond de la scène*).
Et lequel des chefs accompagne Atride?
Le héraut. Il y a Tessandre et Strophius son parent.
Clyt. N'y a-t-il personne de plus avec lui?
Le héraut. Cassandre.
(*Clytemnestre lui tourne le dos et va à la rencontre de ses enfants qui descendent les marches*).

SCÈNE VII.

MARSYAS, ORESTE, ÉLECTRE, LA NOURRICE
ET LES PRÉCÉDENTS.

Clyt. (*caressant les enfants*). C'est ici que le visage radieux, vous donnerez à votre père qui s'approche le doux salut filial. (*Elle les conduit vers la porte.*) J'entends déjà le bruit de son char triomphal..... Le voilà..... c'est lui!

SCÈNE VIII.

ATRIDE *se présente précédé des prêtres et assis sur le char;* CASSANDRE *est à son côté; derrière le char on voit* TESSANDRE, *les* ANCIENS, *les* GARDES *et à la queue du cortège la foule populaire.*

Tess. Salut et gloire au roi!

Les prêtres. Que la faveur des dieux le garde!

Tous. Et notre amour!
Atr. (*descendu de son char, à Clytemnestre et à ses enfants.*) Je vous presse enfin dans mes bras..... ô épouse chère! ô mes enfants!
Clyt. (*lui présentant Électre et Oreste.*) Mon amour te répondra par leur bouche.

Élec. (*récitant.*) J'avais un lustre à peine, quand tu franchis la mer; mais le cœur n'a pas oublié les traits qui lui sont chers.

Tantôt la renommée disait que tu avais péri dans un naufrage, tantôt que tu avais péri dans les combats; tantôt que ton retour était plus dangereux que les batailles meurtrières.

Hélas! répétais-je souvent, les yeux baignés de larmes, hélas! mon père bien-aimé ne reviendras-tu jamais?

Mais l'espérance l'emportait sur la crainte..... mais je te revois en ce jour et j'oublie ma douleur dans un baiser paternel.

Or. (*avec vivacité.*) Tu as vaincu, et moi, ton fils, je suis fier de ta victoire. Ni le danger, ni la fatigue ne m'épouvantent, lorsqu'ils mènent à la gloire.
Pour que ma main tienne un jour dignement le sceptre, apprends-moi d'abord, ô mon maître, à manier la lance des héros.

2

(Cassandra fissa teneramente il fanciullo.)
  Atr. Inusata dolcezza al cor mi piove
L'accento vostro o figli ! Ed è celeste
Favor se vi riveggo, e sulla soglia
Anelata da tanto il fior m'olezza
De' domestici affetti ! Ai Numi dunque
Sien grazie, e sulle avite are la sacra
Fiamma sfavilli. A te consorte mia
Anche non dolga che quella infelice
    (Additandole Cassandra.)
Nelle tue case si riposi. D'alti
Dolori è segno : e regal sangue accende
Il fatidico suo petto. La guerra
Che le stirpi travolye e si compiace
Nelle grandi cadute, al greco giogo
La condannava, e a me nel campo è dono.
  Clit. Perchè sul carro cupamente immota
Ristà.
  Atr. Scusarla dei — ne' suoi ricordi
Piange la patria.
  Clit.   T'inganni, non piange
Colei, ma impreca.
  Atr.   Or via meco alle stanze.
Dei numi, ascendi. Ivi l'offerta al cielo
Brillerà più gradita, se nel core
Per la misera giovane tu porti
Un sentimento di pietà.
  (Ei sale la gradinata co' suoi, ove lo seguono Marsia e Tessandro, mentre tutti gli altri si allontanano all' aperto.)

SCENA IX.

CASSANDRA (rimasta sola, balza dal carro ed entra nell' atrio).

        Ti varco
Atroce porta !... Era destino ch' io
Mandar dovessi l'ultimo saluto
Da questa reggia al mio pallido sole !
Ecco se dove del fraterno sangue
L'onda s'effuse, ed espiò i polluti
Letti d'Atreo, sul pavimento infame
Ecco se l'orme anch' io lubriche stampo !
    (Assorta in sè).
Misero core ! che non sai piegarti
Rassegnato alla tomba : e come allora
Che m'han divelto dalla dolce madre
Sulla sponda natía, supremi tuoi
Palpiti più non son, non sono adesso
La vendetta e la morte !
  (Con emozione crescente). Ahimè che tutto
Non ho sotterra ! ma respira e geme
E mi chiama infelice, e la sua vita
Cerca ne' baci miei l'ignoto parto
Delle viscere mie ! D'Atride figlio
Ei non ha padre che a salvarlo basti,
Scudo non ha se nel difende il petto
Materno mio ! Fra le tempeste nato,
L'anniversario di che dalla terra
Ecuba sparve e Polissena : ahi ! quale
Stella per lui prelucere dovea
Sulla profuga cuna !.. Ed or che tutto
M' ha schianto il core... che sarà di lui...

(Cassandre regarde Oreste avec tendresse.)
  Atr. O mes enfants, au son de votre voix mon âme goûte des émotions d'une suavité inusitée. Je dois à une faveur du ciel la joie de vous revoir et de respirer en ces lieux le parfum des affections domestiques, après lesquelles je soupirais depuis si longtemps. Que grâces soient donc rendues aux dieux et que la flamme sacrée brille sur les autels de mes aïeux ! *(S'adressant à Clytemnestre et lui désignant Cassandre.)* Et toi, ô mon épouse, ne t'afflige pas si cette infortunée repose sous ton toit. Elle est un témoignage vivant de douleurs immenses, et il y a du sang royal dans son cœur fatidique. La guerre, qui bouleverse les familles et se plaît aux grandes catastrophes, la guerre la condamnait à subir le joug grec... elle m'est échue en partage sur le champ de bataille.
  Clyt. Pourquoi s'obstine-t-elle à demeurer immobile et sombre sur le char ?
  Atr. Pardonne-lui : elle pleure en songeant à sa patrie.
  Clyt. Tu te trompes ; elle ne pleure pas, elle maudit.
  Atr. Allons, suis-moi dans le temple. L'offrande que nous y adresserons aux dieux leur sera plus agréable, si ton cœur éprouve un peu de commisération pour la jeune et malheureuse captive.

(Il gravit les marches avec Clytemnestre et les enfants. Marsyas et Tessandre les suivent. Tous les autres se retirent.)

SCÈNE IX.

CASSANDRE, dès qu'elle est seule, saute à terre et entre dans le vestibule.

Je te franchis donc, ô seuil abhorré !.... L'inflexible destin avait ordonné que j'enverrais de cette habitation royale le suprême adieu à mon pâle soleil !..... Voici où le sang fraternel inonda un pavé maudit... pour effacer la souillure imprimée à la couche d'Atrée... ; Moi aussi, je vais que ici l'empreinte de mes pas lubriques... *(Absorbée en elle-même.)* O mon pauvre cœur ! tu ne sais pas regarder le tombeau avec résignation ; tu ne soupires plus ardemment après la vengeance et la mort, comme à l'heure néfaste où l'on m'arracha des tendres bras d'une mère, sur le rivage natal !.... *(Avec une émotion croissante.)* Ah ! que je n'ai pas tout perdu ! Mais non, le fruit ignoré de mes entrailles respire et gémit, il m'appelle, l'infortuné, et il cherche la vie dans mes baisers !... Fils d'Atride, il n'a pas de père qui puisse le sauver..... il n'a d'autre bouclier que ce sein maternel ! Né au milieu des tempêtes, juste un an après le jour qui vit Hécube et Polyxène disparaître de la terre, quel astre, hélas ! devait guider son berceau errant ! Que deviendra-t-il maintenant que mon âme est brisée..... maintenant que je ne le tiens plus dans mes bras. *(Les larmes lui coupent la voix, et elle lève les yeux au ciel.)* Pourquoi te couvrir d'une ombre funèbre, pourquoi te soustraire maintenant à ma vue, terrible avenir ?.... Ah ! que ne puis-je déchirer le voile qui te couvre

ATTO II, SCENA X.

Or che più fra le mie braccia nol tengo!
(*Ammutolisce nel pianto, indi cogli occhi rivolti
al cielo*).
E perchè bieco t'avviluppi adesso
Nella funerea tenebra : mi sfuggi
O tremendo avvenir? Che non m'è dato
Torti le bende dalla cieca fronte...
Scrutar le cifre che la man del fato
V'allineò! (*ripiegando entro sè stessa*).
Ma che favello io mai!
Che tento infelicissima! Dal giorno
In cui barbare mani han profanato
La giovanezza mia, che mi fu tolta
La libertà, potuto avrei la scienza
De' vaticinj in me serbar? La mente
Divinatrice scintillar potrebbe
Nel cranio della schiava? Ahi tutto rode
La sua catena, nè riman più nulla
Fuor che l'affanno all' esule che pensa
La morta patria (*e va verso il fondo*).

SCENA X.

CASSANDRA E STROFIO (*dalla via*).

Cass. Che m'annunzi?
Stro. In salvo
È già.
Cass. Dove il celasti?
Stro. Inviolato
Asilo s'ebbe, e rivederlo puoi
Senza uscir dalla reggia...
Cass. Nell' interno
Tempio?...
Stro. Fu il re che così volle allora
Che mel fidava entrando in Argo...
Cass. E chi
Là me lo nutrè...?
Strof. La prudente Arsinoe
Che da tre lune è madre, e quale ancella
Le sacre stanze alberga.
Cass. Ahimè, che il core
Mi trema e piange!
Strof. Che paventi? a tutti
Occultarlo saprà.
Cass. Dunque pietoso
Guidami a lei.
Strof. Non pria che le regali
Aule tu meco ascenda. A Clitennestra
Fora più cauto l'affacciarsi innanzi;
Ossequiarla e favellarle come
Al tuo stato s'addice.
Cass. Ah, no!
Strof. T'arresti!
Se non t'è dato d'evitarla? Or via
Cedi, me segui, e quel superbo core
Senta l' affetto della tua parola.
Donna e regina ell'è. Nè t'è concesso
Misera madre rinfocarle l'odio
Senza perigli!
Cass. E vero.
Strof. Pensa che un giorno
Ov' l'accolga mansueta, Atride
Anco potria tutto svelarle.

que ne puis-je lire dans ton livre les pages qu'y
a tracées le destin!.... (*Se repliant sur elle-
même*). Mais que dis-je!.... que voudrais-je faire,
malheureuse? Depuis que des mains sacriléges
ont profané ma jeunesse, depuis qu'on m'a ravi
la liberté, comment aurais-je conservé le don de
prophétie? L'esprit divinateur pourrait-il résider
sous la tête d'une esclave?..... Ma chaîne a
tout rongé, hélas! il ne reste plus rien, rien que
la douleur, à l'exilé qui songe à la patrie morte!
(*Elle se dirige vers le fond de la scène*).

SCÈNE X.

STROPHIUS ET CASSANDRE.

Cass. (*apercevant Strophius*). Que viens-tu
m'apprendre?
Stroph. Il est déjà en sûreté.
Cass. Où l'as-tu caché?
Stroph. Dans un asile inviolable où tu pourras
le revoir sans quitter ce palais...
Cass. Dans un endroit secret du temple, n'est-
ce pas?
Stroph. Le roi lui-même l'ordonna ainsi, lors-
qu'il me le confia en entrant à Argos.
Cass. Et qui me le nourrira dans son refuge?
Stroph. La prudente Arsinoë, qui est mère de-
puis trois lunes, Arsinoë, servante de la demeure
sacrée qu'elle habite.
Cass. Ah! je frémis de crainte et je pleure!
Stroph. Pourquoi trembler? Elle saura le dissimuler à tous les yeux.
Cass. Fais-moi la grâce de me conduire près
de lui.
Stroph. Je t'accompagnerai d'abord dans l'intérieur du palais. Il serait habile de te présenter
humblement devant Clytemnestre et de lui tenir
un langage conforme à ta situation.
Cass. Ah! jamais!..
Stroph. Arrête-toi... il n'y a aucun moyen de
l'éviter. Allons, cède à ma prière, suis-moi, et
que le cœur superbe de Clytemnestre s'amollisse
au charme de tes paroles. Elle est femme et elle
est reine; et tu ne saurais sans péril, pauvre mère,
exciter sa haine.
Cass. C'est vrai.
Stroph. Pense qu'un jour peut-être, si elle te
témoignait de l'intérêt, Atride se hasarderait à
lui tout révéler.

Cass.   E il credi..?
Strof. Gran desiderio ha di vederti. Suora
D'Elena è certo che di lei novelle
Sovra ogni cosa al mondo aver sospira.
Cass. Ma non da me.

Strof.   Perchè? se nelle tue
Case per ben due lustri ospite visse
Elena — e tu la sola sei che possa
Darle...
Cass. Deh dove il cor mi porti!
Strof.   È duopo.
Farlo tacere e del passato suo
Nascondere le lacrime.
Cass.   Non sai
Che piaghe mi riapri..!
Strof.   So che madre
Tu sei, so che il materno amore ogn' altro
Supera sulla terra e che sul tuo
Parto non debbe stendere le mani
Questa rivale onnipotente. — Or dove,
Senza corruccio della sua sorella
Essa ti parli, non saprai tu dunque
Al suo cospetto un solo istante almeno
La rea cognata assolvere — un istante
Gli sdegni tuoi dimenticar..?
Cass.   Sì tutto!
Tutto! se fia che tu mi salvi il figlio!

ATTO TERZO.

Interno del tempio d'Apollo attiguo alla reggia. Nel fondo un cippo cinerario su cui leggesi: *Ifigenia*. Di fianco l'altare da dove sporge in profilo la statua del Nume, il chiarore delle lampade illumina poca parte della scena. All'opposto lato e nell'ombra l'ingresso della reggia.

SCENA PRIMA.

EGISTO (*sotto le vesti e le sembianze d' un vecchio aruspice*).

L'ora passò, ne giunse! — E se mutato
Avesse mai quel suo femmineo core:
Ogni proposto di vendetta franto
L'amplesso marital! — Ma che ribrezzo
Più non ridesti in lei? Può la vittoria
Detergerlo così che non le odori
Del sangue di sua figlia? — E quando fosse,
Arrotato per nulla avrei la punta
Del mio pugnal? Ed io dovrò digiuno
Inulto allora disertar la reggia
Per discendere a Dite? Al padre mio
Affacciarmi laggiù per dirgli: ei vive
D'Atreo l'erede, ei regna, e nulla pave.
Nè più l'ammenda del banchetto atroce
Ti salderà; dappoi che l'odio nostro
La tomba inghiotte, e già lo assolse il fato!
..... No, che non fia. Nol può voler colei,
Dimenticar non può che le trafisse

ATTO III, SCENA II.

Il suo parto più caro : Ella che m' ama
Ardentissimamente; e di celato
Ancor più l' odia, da che trarle in Argo
Osò Cassandra, e gelosia le sugge
L' amaro petto! E perchè tarda adunque?
Perchè la voce sua non mi rinfranca
Dai terrori del dubbio? Oh tutta spettri
È questa via che dall' abisso a un filo
Separa il soglio — e la cui notte l' alto
Empie lamento de' parenti miei!
        (Postosi in ascolto all' entrata).
Ah! non m'illudo... alcun discende... è dessa!
È dessa alfin! — Ti prostra Egisto, orante
Al cinerario della sua diletta
Figlia ti trovi.   *(S' atterra al monumento).*

SCENA II.

CLITENNESTRA, EGISTO.

Clit.   ..... Egisto!
Egist.   Odo la voce
Della regina?...
    Clit.   Clitennestra è teco!
    Egist. Al tuo schiavo che rechi? Alfin gli è dato
Sorgere dalla polve?
    Clit.   Ed a vendetta
Certa
    Egist. Deh di' : se tosto : e dove : e come !...

    Clit. Partito il re ti crede. E qui securo
Attender potrai sino al meriggio
Del novo dì. Già il tuo sparir d' un tratto
Il bando spiega. E sparsi voce che
Dolente sì, ma rassegnato, e solo
Anzi non visto : a profughe fortune
Verso l' egizio ciel t' avventurasti!
    Egist. Sino al meriggio, hai detto?
    Clit.   Odimi. Atride
Le sue vittorie ed il ritorno suo
Festeggerà domani appena il sole
Tocchi all' occaso, E già l'allegra loggia
Che sugli orti prospetta e a cui di fronte
L' Inaco scorre fra le sacre piante
Inghirlandano tutta a tal simposio.
Là rivedrotti!
    Egist.   ... E per qual via?
    Clit.   Per quella
Che ombreggiano i cipressi a te l' accesso
Marsia darà. — Sotto la querce antica
Del Dio che primo pegli argivi campi
Fe' l'aureo scettro sfavillar, chinato
Appiè dell' ara attenderai
    Egist.   Nè temi
Che alcun s' avvegga?
    Clit.   I convitati e quanto
Vedrai di servi è gente nova. Atride
Stesso la voce, e le sembianze tue
Or non ricorda, se da quattro lustri
Più non ti vidde.
    Egist.   E che far deggio?
    Clit. (con feroce allusione).   Il chiedi?
Non conosci la vittima? L' altare
Del sacrifizio?
    Egist.   Ah sulle mense adunque...

---

depuis qu'il a osé amener Cassandre à Argos, et le serpent de la jalousie dévore ses entrailles. Pourquoi donc tarde-t-elle? pourquoi son accent ne m'affranchit-il pas des anxiétés du doute?... Oh! elle est peuplée de spectres, cette route où l'abîme n'est séparé du trône que par une ligne, et dont les ténèbres retentissent des lamentations de mes parents! *(Il va écouter à l'entrée.)* Ah! je ne me trompe pas... quelqu'un descend... c'est elle! c'est elle, enfin!... — Prosterne-toi, Égisthe, que la reine te trouve en prière devant l'urne qui renferme les cendres de sa fille adorée.
        (Il se prosterne devant le cippe.)

SCÈNE II.

CLYTEMNESTRE ET ÉGISTHE.

Clyt. Égisthe!
Égist. Est-ce bien la voix de la reine que j'entends?
    Clyt. Clytemnestre est avec toi.
    Égist. Qu'annonces-tu à ton esclave?... Lui est-il enfin permis de sortir de la poussière?
    Clyt. Oui, et de prendre une vengeance certaine.
    Égist. De grâce, explique-toi : sera-ce bientôt? où ? comment?
    Clyt. Le roi te croit parti. Tu pourras rester ici en sûreté jusqu'à demain midi. Déjà ta disparition soudaine confirme l'idée que tu es en exil. En outre, j'ai répandu le bruit que, triste et seul, mais tout à fait résigné, tu t'étais risqué d'aller chercher fortune vers l'Égypte...

    Égist. Tu as dit jusqu'à demain midi?
    Clyt. Écoute-moi... Demain au coucher du soleil, Atride célébrera ses victoires et son retour. Déjà la belle terrasse qui domine les jardins, et en face laquelle murmurent les eaux de l'Inachus au milieu des arbres sacrés, est ornée de guirlandes destinées à égayer le banquet. C'est là que je te reverrai.

    Égist. Et quel chemin m'y conduira?
    Clyt. Marsyas t'ouvrira l'accès de l'allée qu'ombragent les cyprès. Tu attendras, incliné au pied de l'autel, sous le chêne antique consacré au Dieu qui, le premier, fit briller son sceptre d'or sur les campagnes argiennes.

    Égist. Ne crains-tu pas que quelqu'un s'en aperçoive?
    Clyt. Ni les conviés ni les serviteurs que tu verras ne te connaissent. Atride lui-même ne se rappelle ni ton visage ni ta voix, puisqu'il ne t'a pas vu depuis plus de quatre lustres.

    Égist. Mais que devrai-je faire?
    Clyt. (avec une allusion farouche). Tu le demandes?... Ne connais-tu pas la victime? ne connais-tu pas l'autel des sacrifices?
    Égist. (avec hésitation). Ainsi, c'est sur ces ta-

Sulle mense d' Atreo! fumide ancora
Della carne fraterna!
Clit.   E là compagni
Più che non pensi avrai. Di cheto ascosi
Entro la selva : ma che al cenno tuo
Come un sol braccio assaliran.

Egist.   Pur quale
Momento scerrò?
Clit.   Colpirai nell' atto
Che la mia coppa io levi alla triforme
Ecate.
Egist. (*cupamente*). Intesi.
Clit.   E non ti brilla il core ?

Egist. No : sinchè tutto e lauto il sacrifizio
Consumato non sia!
Clit.   Le nostre sorti
Nell' arcano dell' urna agita l' alta
Dispensatrice degli umani eventi,
Ma che non manchi a noi, risponde il Nume
Orichiomato — che di là ne guarda.
Quasi due lustri son da poi che, morta
Ifigenia, peregrinando ignota,
Nel materno furor lo interrogai.
E vendetta n' avrò : se de' responsi
Già pagati a gran prezzo, a me dall' antro
Delfico allora non mentia la voce.

Egist. Oh perchè tarda in Oriente adunque
A vincere la notte, il fiammeggiante
Cocchio di Febo : ed aspettar m'è forza
Questo domani!
Clit.   Sai, compie il decenne
Anniversario che la figlia mia
Immolò l' inumano; e non v' ha giorno
Più nefasto per lui.
Egist.   Segnollo il sangue.
Clit. (*fra l'ira e il pianto*).
Che se illudermi seppe il dì, che in Argo
Dall' ancoraggio d' Aulide lo scritto
Spedia bugiardo; ond' io stimai che a nozze
Veracemente e non a morte avrei
Misera madre! Ifigenia mandato ;
Non ei, non ei così, perchè la fronte
D' un lauro parricida, oggi corona :
Non ei quetar potè l' odio che ferve
Nelle viscere mie! forse, che Troja,
O l' Asia tutta, e l' universo intero,
Valgono il sangue di mia figlia?.. Ed esso
Nè un detto pur che la ricordi, un solo
Sospir le diè!... Trionfator la sua
Polve obliò perfin!

Egist.   Ma, di Cassandra
Nulla m' hai detto ancor — s' ella divise
Il talamo reale.
Clit. (*fieramente interrompendolo*)
                           Oh non la tomba
Dividerà!
Egist. Che! la risparmi?
Clit.   Atride
Spento, col ferro il suo destino affretta.
E sia pasto de' cani!
Egist. (*pausa*) Al tuo cospetto,
Mostrarsi osò?

bles..., sur les tables d'Atrée, fumantes encore
du sang d'un frère!
Clyt. Dans ce lieu tu auras des aides, plus que
tu ne penses, cachés dans le bois voisin ; mais, à
ton premier signal, ils s'élanceront comme un
seul homme.

Égist. Et quel moment choisirai-je pour frapper?
Clyt. Tu frapperas dès que je lèverai ma coupe
en l'honneur de la triple Hécate.

Égist. (*d'un ton sombre*) J'ai entendu.
Clyt. Quoi ! tu as entendu, et ton âme ne tressaille pas d'allégresse !...
Égist. Elle tressaillira quand le grand sacrifice sera consommé.
Clyt. La déesse, dispensatrice des événements humains, agite nos destinées dans l'urne mystérieuse; le dieu à la chevelure d'or qui nous regarde d'en haut nous répond d'elle, lorsque, il y a bientôt deux lustres, Iphigénie morte, j'allai l'interroger secrètement dans un transport de fureur maternelle, m'a dit que je serai vengée, à moins que l'oracle, chèrement payé, qui habite le temple de Delphes, ne se soit joué de ma crédulité.

Égist. Pourquoi le char éblouissant du soleil tarde-t-il à dissiper les ombres de la nuit ? Pourquoi son absence me force-t-elle d'attendre jusqu'à demain?
Clyt. Il y aura demain dix ans, tu le sais, que le barbare immola ma fille ; et aucun jour ne lui est plus néfaste que cet anniversaire.

Égist. Il rappelle un sanglant holocauste.
Clyt. (*d'une voix moitié irritée et moitié gémissante*). Atride réussit à m'abuser, en expédiant à Argos, des rivages d'Aulide, l'écrit menteur qui me fit croire, ô mère infortunée, qu'Iphigénie allait marcher à l'autel de l'hyménée, et non au trépas ; mais il ne peut d'apaiser la haine qui bouillonne dans mon sein ;... même ayant le front couronné d'un laurier parricide! Est-ce que Troie; est-ce que l'Asie entière, est-ce que l'univers lui-même valent le sang de ma fille ?... Eh bien ! il n'a pas accordé un seul mot, pas un soupir à sa mémoire !... Dans l'ivresse de son triomphe, il a oublié jusqu'aux cendres d'Iphigénie !

Égist. Mais... tu ne m'as encore rien dit de Cassandre. Si elle partage la couche royale...

Clyt. (*l'interrompant d'un air terrible*). Elle ne partagera pas sa sépulture.

Égist. (*étonné*). Voudrais-tu donc l'épargner ?
Clyt. Atride égorgé, tu plongeras le fer dans la poitrine de la captive troyenne, et je veux que son corps soit livré en pâture aux chiens.
Égist. (*après un silence*). Est-ce qu'elle a osé se montrer devant toi ?

ATTO III, SCENA II.

*Clit. (dopo breve sospensione, impallidendo fra
l' ironia e lo sprezzo).*
    ... Potea tacer la fama
Che della sua beltà sì gran diffuse
Strepito ovunque; onde la fulva chioma
E gli occhi ardenti, e il roseo collo, e quanto
La persona ha di vago in mille guise
Divinizzò per essa, e de' mendaci
Rapsodi pronta careggiò la cetra !
Ben ella il carro trionfal salìa
Sfacciatamente a cui dallato e tutta
Gemme e fragranze, scolorò toccando
L' eburnea soglia. Ma l' aspetto suo,
E quel frigio berretto inver fatali
Essere non potean che al nostro eroe !
Però che i tratti dell' immonda razza
Scolpiti porta; e non risponde, o solo
Ne' barbarici suoni : ancor che greco
Favelli — e nata la diresti schiava
Più che prole di re !...
 Egist. (move leggermente verso l' altare esplorando, poi nel riaccostarsele e sottovoce).
      Pur non sai tutto,
O mia regina ! Non potè lo sguardo
Acutissimo tuo fra le tenebre
Altro scovrir tesoro !
 Clit.   Quale?
 Egist.   Un figlio
Al tuo sposo largì : novella speme
Del retaggio di Pelope !
 Clit. (tra sè). Per questo
Reduce a noi, degnò d' un bacio appena
Oreste mio...   *(vivamente a lui).*
Narrami tutto.
 Egist. (in tuono profetico). Troja
Sparve — ma forse dalle sue faville
Uscìa colei per incarnar lo spirto
Che la ruina dell' inusto soglio
Vendicherà buscandosi lo scettro
De' vincitori !
 Clit. E donde il sai, tu chiuso
Nei recessi del tempio ?

 Egist.   Orando stava
Appiè del cippo che le poche ceneri
Della tradita vergine rinserra :
Ed ecco uscir di là, dietro l' altare
Dal santuario che gli arredi serba,
Come indistinto murmure. Mi volgo
E questi detti ascolto « abbine cura :
È sacro pegno : da Cassandra nacque :
Ed è figlio del re ! » M'avanzo e nulla
Risento più che il movere d' un passo
Laggiù ne' ciechi corridoj.
 Clit. (guardatasi intorno e sommessamente).
     La terza
Vittima dunque a me prometti ?
 Egist.   Lieve
Non fia l' averla qui.
 Clit.   Più che non pensi
Se cade il re ! Ti lascio.
 *(Nel separarsi gli offre la destra ch' ei stringe e
baccia con affettato fervore.)*

*Clyt. (elle garde un moment le silence, pâlit,
et puis d'un ton à la fois ironique et dédaigneux).*
Pouvait-elle se soustraire à sa réputation de
beauté, si bruyamment répandue en tous lieux !
Sa chevelure fauve, ses yeux étincelants, son cou
de rose, tous ses charmes en un mot, n'ont-ils
pas été divinisés de mille manières, et n'ont-ils
pas fait vibrer complaisamment la lyre flatteuse
des rapsodes ! Couverte de pierres précieuses et
de parfums, elle était impudemment assise à son
côté sur le char triomphal ; néanmoins, son visage s'est décoloré lorsqu'elle a touché les portes d'ivoire de ce palais. Ce visage et ce bonnet
phrygien, doublement funestes, étaient dignes de
réduire un héros de la taille d'Atride ! Mais elle a
bien gravés sur sa figure les traits de son immonde race ; son langage est rude, barbare, quoiqu'elle s'exprime en grec,... et tu la croirais issue d'une famille d'esclaves plutôt que d'une
famille de rois !...
 *Égist. (il fait seulement quelques pas vers l'autel, comme s'il craignait d'être écouté ; puis il se
rapproche de Clytemnestre et dit à demi-voix) :*
Tu ne sais pas tout, ô ma reine. Ton œil perçant
lui-même a été inhabile à découvrir dans l'obscurité qui nous environne un rare trésor !
 Clyt. Quel trésor ?...
 Égist. Un enfant que Cassandre a donné à ton
époux, une espérance nouvelle de l'héritage de
Pélops.
 Clyt. (à part). Serait-ce pour cela que, en revenant ici il a daigné baiser une fois à peine mon
Oreste ?... *(Vivement à Égisthe.)* Raconte-moi tout.
 Égist. (d'un ton prophétique). Troie est détruite ; mais peut-être Cassandre est-elle sortie
de ses étincelles pour incarner en sa personne
l'esprit qui vengera la ruine de la cité incendiée, en s'emparant du sceptre des vainqueurs !
 Clyt. Et d'où a pu te venir cette idée, à toi qui
es enfermé dans le lieu le plus solitaire du temple ?
 Égist. Je priais au pied du cippe qui contient
les cendres de la vierge trahie. Tout à coup
j'ouïs sortir de là *(il fait un geste indicatif)*, du
sanctuaire placé derrière l'autel et où sont gardés les ornements, une voix indistincte comme
un murmure. Je me tourne doucement et j'entends ces paroles : « Aies-en bien soin : c'est un
gage sacré,... il est né de Cassandre et il est fils
du roi ! » Je m'approchai ; mais je n'entendis plus
qu'un bruit de pas dans les galeries sombres.
 *Clyt. (à voix basse, après avoir jeté autour
d'elle un coup d'œil investigateur).* Ainsi, nous
aurons une troisième victime ?
 Égist. Il ne sera pas facile de la saisir ici.
 Clyt. Plus facile que tu ne penses, si le roi
succombe... Je te quitte...
 *(En se séparant d'Égisthe, elle lui tend la main
qu'il serre et qu'il baise avec une ardeur affectée.)*

SCENA III.

EGISTO.

È ver... se cade !
E l'evento sta qui che dall'abisso
L'obliata mia stella ai firmamenti
Ricondurrà !... Se cade ! e qui sta tutto !
— Prima che addensi un'altra notte anch'io
Tra i profumi ed i suoni al radiante
Cenacolo berrò. — Ma chi sa dirmi
Se per l'ultima volta ! E qual di noi
Occuperà precipite l'avello
Che rasenta le mense ! Oh ve' che il dubbio
Fieramente si desta alla vigilia !
Ma che ? non l'anelai l'alto momento ?
Preparato non l'ho ? Nel mio secreto
Non l'ho sfidato il mio nemico a questo
Gioco di sangue ? — Avvi nel mondo gloria
Senza perigli ? — E chi esitar potria
Fra l'esilio ed un trono . ?
(Si curva in ascolto).
Alcun s'avanza
Dai penetrali !.... partirò ? no, giova
Fingere il sonno.
(S'accoscia nell' ombra ad un pilastro).

SCENA IV.

CASSANDRA, EGISTO.

Cass. (dall' altare e cogli occhi intenti al simulacro del Nume). Non guardarmi torvo
Così ! Già m'hai perduto una seconda
Volta : se m'offri qui cibo all'artiglio
Di Clitennestra — e delle tue vendette
Già così la seconda assaporasti !
(Chinatasi).
T' offesi è ver del mio vergine riso.
Osai superba illuderti — mortale
Un immortale affascinar ! Ma pure
Se ti piacqui, se cara un dì t'avvinse
La fanciullezza mia : nulla sull' odio
I ricordi potran del nostro amore ?
Sempre dunque dovrà sul capo mio
Il flagello rotar senza che alcuna
Pietà ti balzi nell' eterno petto !
Egist. (tra sè che nulla ha perduto delle parole di lei).
Ucciderla potessi... e nell'arcano
Della notte sparir sino a domani !
Cass. (con emozione crescente).
E che farei del mio povero nato ?
Qual ricovero avrà, se non mel guarda
La parete del tempio ? — Ei dorme ignaro,
Immacolato. Ma su lui di sangue,
E di lacrime tutto il peso incombe
Della materna eredità.
(Con voce di pianto rivolta al simulacro).
Perdona,..
Perdona a lui !
Egist. (tratto il pugnale le si accosta di retro, ma quando scossa al suo passo si volge a fulminarlo col guardo, atterrito retrocede e nasconde la destra).

SCÈNE III.

Égist. (demeuré seul). Oui,... s'il succombe, cet événement tirerait mon étoile oubliée de l'abime et la replacerait dans la clarté du ciel !... S'il succombe ! oui, voilà tout... Moi aussi, avant que les ténèbres de la prochaine nuit aient envahi la terre, j'assisterai au banquet splendide, au milieu des parfums et de la musique. Mais qui pourrait me dire si ce ne sera pas pour la dernière fois !... Lequel de nous s'enfoncera dans la tombe creusée à côté de la table joyeuse ?... Voilà que le doute cruel m'assiége à la veille du dénoûment !... Eh quoi ! ne l'ai-je pas désiré de toutes les forces de mon âme, ce dénoûment solennel ? Ne l'ai-je pas préparé ? N'ai-je pas en secret défié mon ennemi à ce jeu sanglant ?... Y a-t-il dans le monde de la gloire sans péril ? — Et puis qui aurait la faiblesse de balancer entre l'exil et un trône ?... *(Il se baisse pour écouter.)* Quelqu'un vient de ce côté... Dois-je m'éloigner ? Non, il vaut mieux feindre de dormir.
(Il se couche dans l'obscurité, contre un pilastre.)

SCÈNE IV.

CASSANDRE ET LE PRÉCÉDENT.

Cass. (Elle est devant l'autel et tient les yeux fixés sur l'image du dieu.) Ne me regarde pas de cet air sévère ! Je suis une seconde fois perdue et une seconde fois tu goûteras le plaisir de la vengeance, si tu me livres comme une proie à la rage de Clytemnestre ! *(Elle s'incline.)* Je t'offensai, il est vrai : j'eus l'audace, étant encore vierge, moi simple mortelle, de séduire un immortel !.... Mais si je te fus jadis agréable..... si mon enfance te fut chère, les souvenirs de notre affection mutuelle n'adouciront-ils pas la haine qui t'anime ? Agiteras-tu sans cesse le fléau autour de ma tête et aucun mouvement de pitié ne naîtra-t-il dans ton sein éternel ?

Égist. (qui n'a perdu aucune de ses paroles). Si je pouvais la tuer..... et me tenir caché jusqu'à demain dans l'obscurité profonde !

Cass. (avec une émotion croissante). Hélas ! que ferai-je de mon pauvre enfant ? à qui le confierai-je les murs de ce temple refusent de le garder ?.... Il dort, ignorant de tout, immaculé..... Mais il pèse sur lui un poids de sang et de larmes qui forment l'héritage maternel ! *(Implorant l'image d'Apollon d'une voix suppliante.)* Oh ! pardonne-lui !.... pardonne !....

Égist. (Il s'approche de Cassandre par derrière, le poignard à la main ; mais Cassandre se retournant au bruit de ses pas et fixant sur lui un regard foudroyant, il recule effrayé et cache sa main.)

ATTO III, SCENA III.

Cass. (Perchè t'arresti? Inerme
io sto.
Egist. (*profondamente simulando*).
Me sciagurato!
Cass. ... Il volto abbassi?
Egist. Dove colpito avrei!
Cass. Guardami.
Egist. Osarlo
non so. —
Cass. Chi dunque: chi t'armò la destra?
O se fu tuo pensier: chi mai potea
All' assassinio spingerti?
Egist. Vergogna...
E raccapriccio dell'error m' atterra.
Cass. Onde l'error? Qual fu? Chi sei?...
Egist. La guardia
Del divino soggiorno.
Cass. Ed è d'umano
Sangue che il sacri?
Egist. No — ma quelle fogge...
Quell' atteggiarti al simulacro.... i detti
Tuoi.
Cass. (*con isgomento mal represso*).
Quai detti...?
Egist. A me sonar confusi.
— Pure ciò tutto, e l'alta ora notturna
M'illusero così che maliarda
Profanatrice io ti stimai...
Cass. Prosegui.
Egist. E tratto allora da furor, lo stesso
Rito obliando, io t'assalia. Ma grazie
Sien grazie al ciel che non t'offesi! Il raggio
Della bellezza tua sovranamente
M'illuminò!
Cass. (*a parte*). Saputo avesse!
Egist. (*pure tra sè*). Al mio
Disegno trarla: ove possibil fosse...
Cass. (*riavicinandolo esitante*). E mi conosci?

Egist. Non sei tu la sola
Creatura di Priamo che resti?
La più famosa e più infelice!...
Cass. Basta...
Egist. Secura stai.
Cass. Dileguati.
Egist. (*insistendo pacatamente*). Che cerchi
Nel tempio?
Cass. Ciò che non può dar la reggia.
Pace.
Egist. E l'avrai.
Cass. Ma non da te — mi lascia.
Egist. Qui riverenza delle tue sventure,
Pietà m'avvince.
Cass. (*ironica*). Ed è perciò che questa
Solitudine turbi agli occhi miei?
Egist. Vegliar debito m'è. L'ufficio mio
Adempio qui. Non corrucciarti. Amico
Labbro ti parla.
Cass. Arcano troppo!
Egist. (*cercando insinuarsele*). Quando
Giungesti in Argo?
Cass. A che mel chiedi?
Egist. Hai detto

Cass. Pourquoi t'arrêtes-tu? Je suis sans défense.
Égist. (*dissimulant le plus qu'il peut*). Malheureux que je suis!
Cass. Tu baisses la tête!
Égist. Où allais-je frapper!
Cass. Regarde-moi!
Égist. Je n'ose pas.
Cass. Qui donc a armé ta main?.... Si par hasard tu as conçu seul ce projet, quelle raison te poussait à l'assassinat?
Égist. La honte m'accable et je frémis de mon erreur.
Cass. De quelle erreur parles-tu? Qui es-tu?
Égist. Je suis préposé à la garde de ces lieux sacrés.
Cass. Et tu voudrais, à ce qu'il paraît, les sanctifier en les arrosant de sang humain?
Égist. Non.... mais ton costume.... ton attitude devant l'image du dieu.... tes paroles....
Cass. (*avec une frayeur mal dissimulée*). Quelles paroles?
Égist. Je ne les ai pas bien entendues.... mais enfin toutes ces circonstances et l'heure où nous sommes m'ont trompé à ce point que je voyais en toi une sorcière profanatrice....
Cass. Continue.
Égist. Alors, saisi d'une fureur subite, oubliant même le rite que j'allais célébrer, je me préparais à t'immoler. Je ne l'ai pas fait, grâce au ciel! Le rayonnement de ta beauté souveraine a dissipé mon illusion!
Cass. (*à part*). Aurait-il appris?...
Égist. (*se parlant à lui-même*). Si je pouvais l'amener sans qu'elle se défiât....
Cass. (*se rapprochant de lui avec anxiété*). Est-ce que tu me connais?
Égist. N'es-tu pas la dernière fille vivante de Priam, la plus illustre et la plus infortunée?
Cass. Assez!
Égist. Sois sans inquiétude.
Cass. Éloigne-toi.
Égist. (*d'un ton doucereux*). Que cherches-tu dans le temple?
Cass. Ce que je ne saurais trouver dans le palais.... la tranquillité.
Égist. Tu l'auras.
Cass. Non pas par toi..... Laisse-moi.
Égist. Le respect et la commisération que m'inspirent tes malheurs clouent mes pieds au sol.
Cass. (*avec ironie*). C'est donc pour cela que tu troubles à mes yeux le calme de cette solitude?
Égist. Je remplis mon devoir en veillant; mais ne te courrouce pas: c'est un ami qui te parle.
Cass. Trop mystérieux.
Égist. (*d'une voix insinuante*). Quand es-tu arrivée à Argos?
Cass. Que t'importe?
Égist. Tu m'as dit que le séjour du palais t'at-

3

Che la reggia t'affligge. Oh s' ella fosse
La prima notte : non avria tardato
A stillarti l' affanno.
　Cass.　　　　Or ben ?...
　Egist.　　　　　Prescerre
Questa ti piacque d' un Iddio dimora,
Ne t' ingannasti già. — Squallidi meno
Su questre pietre che per l' aurea coltre
Contaminata dal cognato sangue
Calano i sogni !
　Cass.　　　Spiegati.
　Egist.　　　　　La grazia
Del re possiedi — ma fuggevol dono
Ei fa di sè : paventalo !...
　Cass.　　　　　Ch' io l' ami
Sospetti forse ?
　Egist.　　Ei t' ama...
　Cass.　　　　　　E sia. — La schiava....
Viver non può che del perduto bene
E dove torle il vincitor può molto....
Le resta il core !
　Egist. (marcatamente). E tutto a te rapìa
Co' suoi trionfi.
　Cass. (voltasi all' ara). Va.
　Egist. (seguendola).　　Donna non sai
Chi t' allontani...
　Cass.　　Nè saperlo curo.
　Egist. Non sai che questo veglio un dì portato
A remote contrade ove l' accesso
Palpito lo spingea de' suoi verd' anni,
Vago di fama e di venture, ai lieti
Focolari posò delle tue case.
Baciò la tomba d' Ilo — e franse il pane
Del tuo buon genitore !
　Cass. (con interesse, affissandolo). Araldo forse
Dal Greco campo ?...

　Egist.　　Oh non ancor la guerra
Pei selvosi fremea lembi dell' Ida ;
Nè la furia d' Achille ayea lunghesso
Le bionde valli della Troade tua
Seminato la morte ! — Erano giorni
D' allegrezza e di pace. I più felici
Che dalle nozze in poi gustato avesse
La madre tua ; ne cui sembianti tutta
La maestà della regal sua stirpe
E la bellezza e la pietà, siccome
Raggio de' cieli tralucean dal core !
— Nè perchè tanta sparve onda di tempo
Già l' obliai. Ma, come fosse adesso,
Vederla parmi accarrezzar beata
I figliuoletti suoi, premere al seno
Adolescente ancora il prediletto
Primogenito suo. — Verace madre
Perchè a tutti i dolori il fato volle
Sperimentarla : se do' figli stette
Presso la culla e suoi sepolcri !
　Cass. (commossa).　　　Oh cieli... !
Tu vista l' hai ?
　Egist.　　Nata non eri, o forse
Da poche lune. — Io poi partia : partia
Per sempre ! *(scorgendo l' intenerirsi di lei).*
　　　　Onde, se greca, affatto, monda

tristait. Oh ! si c'était même la première nuit, tu aurais déjà commencé à bien souffrir.

　Cass. Comment ?
　Égist. En te réfugiant, comme tu le fais avec raison, dans la paisible demeure d'un dieu, tu ne t'es pas trompée. Les songes légers descendent plus volontiers sur ces pierres que dans l'alcôve dorée humide encore de sang fraternel.
　Cass. Explique-toi.
　Égist. Tu jouis de la faveur du roi ; mais le roi est inconstant : redoute ses caprices...
　Cass. T'imagines-tu que je l'aime ?
　Égist. Il t'aime, lui....
　Cass. Soit, mais l'esclave ne peut vivre que du souvenir des biens perdus... Le vainqueur, qui lui ravit tant de choses précieuses, ne saurait du moins lui enlever son âme !...
　Égist. Il t'a donc dépouillé de tout, le triomphateur.
　Cass. (marchant vers l'autel). Je te quitte.
　Égist. (la suivant). Femme, tu ne sais pas qui tu repousses...
　Cass. Je ne tiens même pas à le savoir.
　Égist. Tu ignores sans doute que ce vieillard, entraîné vers des contrées lointaines au temps de sa verte jeunesse, par une soif inextinguible de renommée et d'aventures, s'arrêta jadis au foyer riant qui te vit naître. Il eut l'honneur d'embrasser la tombe d'Ilus et de rompre le pain de ton excellent père.
　Cass. (regardant Égist. avec un intérêt mêlé de curiosité). N'étais-tu pas un héraut du camp des Grecs ?
　Égist. Non. La guerre ne frémissait pas encore dans les campagnes boisées de l'Ida et la fureur d'Achille n'avait pas semé la mort dans les fertiles vallées de ta chère Troade. Les jours qui s'écoulaient alors étaient des jours de paix et d'allégresse ; c'étaient les jours les plus agréables qu'eût goûtés depuis son mariage ta mère qui portait sur son visage, comme un rayon céleste, la royale majesté de sa race, et la beauté, et la vertu ! Quoique cette époque soit déjà très-loin, je n'ai eu garde de l'oublier. Je vois d'ici ta mère caresser, en souriant de plaisir, ses petits enfants, et presser son premier né bien-aimé contre son sein. Mère véritable, celle-là, car la fatalité, qui la destinait à boire l'amertume de toutes les douleurs, a voulu qu'après s'être assise à côté de leur berceau, elle pleurât sur leur tombe !

　Cass. (très-émue). O ciel ! tu l'a vue ?

　Égist. Tu n'étais pas encore née, ou tu l'étais à peine. Je partis, je partis pour toujours ! *(Remarquant l'attendrissement de Cassandre.)* Ainsi la main fidèle que je t'offre, bien que grecque,

ATTO III, SCENA III.

È del sangue de' tuoi, questa, che t' offro,
Fedel mia destra!
Cass. (colpita). Che favelli?
Egist. Il Nume
Qui, nella terra de' portenti, adesso
Ospite mia ti fa. Non vedi : è lui
Che fra le angosce dell' esilio : schiava
E disolata, dove men credesti
Un amico ti dà.
Cass. (attonita). Ma tu che puoi?
Egist. (scostandosi verso il fondo, e tra sè).
Ella mi crede : osar fa duopo.
(poi tornando a lei). Io posso
Qui ristorarti della gran caduta!
E se dato non m' è sulle cruente
Ceneri più ricostruir la reggia
De' tuoi natali : se non m' è concesso
Ricomporti la patria : io posso almeno
D' una tremenda ed ineffabil gioja
Pascer la macerata anima tua,
E dal letto di fango in che tu giaci
Risollevar la tua libera fronte.
Cass. (sdegnosamente). Colla vendetta...?
(e restano silenziosi un istante).
Egist. E non è questo il cibo
Più gradito agli Dei?
Cass. (guardandolo intensamente).
— Tu l'odii adunque :
E fieramente, Atride?
Egist. ...A te celarlo
Non so.
Cass. ...Ma in che t' offese? Onde l'ardente
Proposto tuo?
Egist. (confuso). Nol chiedere. Nefanda
Storia è la mia *(pausa).*
Cass. (con disprezzo). Sì vecchio e tanta al core
Sete hai di sangue!
Egist. (terribilmente).
Che? — Non v' ha per l'odio
Vecchiezza mai — Tranne la morte!
Cass. (ributtandolo). M' offri
Dunque un delitto? E la pietà che ostenti,
La riverenza per le mie sventure
Altro non ha?
Egist. (mutando voce e con dispetto).
Rifiuti? A sdegno prendi
L' offerta mia? Che speri tu? Qual mira
Ambiziosa al cor ti cuoce? Adunque
Tu l' ami Atride : se i parenti uccisi :
Il rogo della patria : il nome tuo
Dimenticasti : e t' addormenti abbietta
Nelle braccia di lui?
Cass. Non più : bugiardo
Accatone di complici. — Va, porta
L' empio disegno a chi t' ha compro. L' aure
Tu qui dissacri colla rea parola.
La tua sacerdotal maschera, appieno,
Qual sei ti manifesta.
(imperiosamente). Esci : — è mortale
La tua pietà!
Egist. (corre spiando all' entrata, e di là traendo il pugnale).
...L'acciar tu intendi!

est entièrement pure du sang des tiens.
Cass. (palpitante). Que dis-tu?
Égist. Maintenant le dieu qui habite cet asile sur une terre peuplée de monstres veut que tu sois mon hôte. C'est lui, ne le comprends-tu pas? qui donne à la captive désolée, torturée par les angoisses de l'exil, et au moment où elle ne s'y attendait guère, un ami dévoué.
Cass. (étonnée). Que peux-tu pour moi?
Égist. (Il va sur le fond de la scène et dit en aparté) : Elle me croit : il faut tout oser. *(Il revient près de Cassandre.)* Je puis te relever d'une chute immense ! S'il ne m'est pas permis de reconstruire le palais de tes ancêtres sur ses ruines sanglantes et de recréer ta patrie, je puis du moins verser dans ton âme déchirée une consolation, une joie ineffable ; je puis arracher ton noble front à l'abîme d'humiliation où l'impitoyable sort l'a précipité.

Cass. (d'un air dédaigneux). Au moyen de la vengeance?...
Égist. La vengeance n'est-elle pas le plaisir favori des dieux?
Cass. (attachant sur lui un regard scrutateur), Tu l'abhorres donc bien, cet Atride?

Égist. J'essayerais inutilement de te le cacher.
Cass. Mais enfin, en quoi t'a-t-il offensé? Quel est le motif de ta haine?
Égist. (embarrassé). Ne le demande pas. C'est une terrible histoire que la mienne.
Cass. (avec mépris, après un moment de silence). Quoi! Si vieux et avoir une soif tellement ardente de sang!
Égist. (avec un accent terrible.) Il n'y a point de vieillesse pour la haine... La mort seule a le pouvoir de l'éteindre.
Cass. (avec un geste de dégoût). Ainsi tu me proposes un crime? Et c'est là l'unique fruit de la pitié que tu affiches, du respect que t'inspirent mes infortunes?
Égist. (d'une voix tremblante de dépit). Tu refuses? Tu dédaignes mon offre? Qu'espères-tu donc? Quel ambitieux dessein exalte ton cœur? Ah! tu aimes Atride, s'il est vrai que tu aies oublié tes parents massacrés, ta patrie livrée aux flammes, ton nom même, et que tu t'endormes ignominieusement dans ses bras.

Cass. Arrête, imposteur, mendiant de complices... Va, porte tes projets scélérats à ceux qui t'ont soudoyé. — Ton langage impie a profané ces lieux sacrés. Qu'on te voie tout entier derrière ton masque sacerdotal! *(Avec le ton du commandement.)* Sors! Ta piété feinte est mortelle!

Égist. (Il court épier à la porte et puis tire son poignard). Essaye donc mon poignard!

Cass. (*riparandosi alla statua del Nume e abbracciandola*). Or l'are
Insanguina di Febo?
(*Mentre desso dai limitari le si avventa contro, le lampade d'un tratto s'ammorzano e tutto resta nella più fitta oscurità*).
Egist. (*brancolando atterrito*).
Ahimè!... qual notte!
(*S'abbassa la tela.*)

Cass. (*Elle se réfugie contre la statue du dieu et l'embrasse*). Maintenant ensanglante les autels d'Apollon!
(*Tandis qu'Égiste se précipite vers elle, les lampes s'éteignent subitement, et l'obscurité la plus profonde succède à leur clarté.*)
Égist. (*marchant à tâtons, et très-épouvanté*). Ciel!... quelle nuit horrible!
(*La toile tombe.*)

ATTO QUARTO.

Loggia terrena aperta e sorretta nel fondo da leggeri pilastri in prospetto agli orti. Oltre i quali le rive dell'Inaco macchiate d'olivi e di salici, dove protetta da enorme quercia scorgesi un'ara sulla quale arde la fiamma del sacrifizio. Le pareti e le colonne a festoni di fiori, e quà e là appesi a trofeo le spoglie dei difensori di Troja; e strumenti musicali, anfore, armi, vasi ed altre riche suppellettili disposte intorno. Nel mezzo la mensa reale a semicerchio.
I due seggi di Clitennestra e d'Atride alle due estremità e più elevati degli altri tre nel mezzo.

Portique au rez-de-chaussée ouvert et soutenu sur le fond par de légers piliers vis-à-vis des jardins; au delà des jardins on voit les rives de l'Inachus émaillées d'oliviers et de saules; un grand chêne ombrage un autel où brûle la flamme du sacrifice. Les murailles et les colonnes sont couvertes de couronnes de fleurs; çà et là des trophées rapportés de Troie, des instruments de musique, des amphores, des armes, des vases et d'autres riches ustensiles disposés à l'entour. Au milieu, la salle royale en hémicycle. Les deux sièges de Clytemnestre et d'Atride aux deux extrémités sont plus élevés que les trois sièges du milieu.

SCENA PRIMA.

ATRIDE, CLITENNESTRA, STROFIO, TESSANDRO, MARSIA, *due Citariste in costume frigio dal lato della regina, e presso il re una negra in costume egiziano, e giovani argive quale intesa a intrecciar ghirlanda, quale presso alle anfore, e agli altri oggetti di servizio, alcune guardie ai pilastri. Presso l'altare nel fondo* EGISTO, *col sembiante e sotto le fogge del vecchio Aruspice, inteso all'olocausto. Tutti sono in piedi e volti all'ara.*

SCÈNE PREMIÈRE.

ATRIDE, CLYTEMNESTRE, STROPHIUS, THESSANDRE, MARSYAS, *deux harpistes en costume phrygien à côté de la reine; près du roi une négresse en costume égyptien et des jeunes Argiennes, les unes occupées à tresser des guirlandes, les autres près les amphores et les autres objets de service; quelques gardes aux piliers. Près de l'autel, au fond,* EGISTHE *en maintien et costume d'un vieil aruspice, attentif à l'holocauste. Tous sont debout et tournés vers l'autel.*

Egisto (orante).
A te che regni nell'argenteo flutto
O divo Inaco a te che la parola
Tempri soave al sibilo de' salci
E di tua fresca linfa a queste valli
Le viscere fecondi: a te l'offerta
Gradita torni, e la votiva fiamma
Che sul margine sacro al nome tuo
Imporpora le bianche ali del cigno
Tutto del tuo favor l'etere allegri.
(*Ei liba dall'ampio inghirlandato cratere, poi versa sulla fiamma che più vivace risplende, e compiuta la cerimonia ritirasi dietro la quercia. Tutti i convitati s'assidono. Marsia presso Clitennestra, nell'atto che dagli orti una musica festiva preludia al banchetto.*)

Marsia (col nappo rivolto al re).
Alla tua stella o re dei forti. Un lungo
Avvicendar di lotte e di perigli,
Più splendida la fe'. Che se per l'inno
Delle pugne il tuo nome ad ogni proda
Inclito suona e non morrà nel tempo:
A te fin che respiri il vago aspetto
Della divina tua donna e il sorriso

Égist. A toi, divin Inachus, qui règnes sur les flots argentés; à toi qui accompagnes les paroles suaves du murmure des saules, qui fécondes les entrailles de ces vallées de ton eau rafraîchissante; que l'offrande monte vers toi, agréable avec la flamme votive qui, sur ces bords consacrés à ton nom, empourpre les ailes blanches du cygne; que tout le ciel se réjouisse de ta faveur.

(*Il boit dans la grande coupe couronnée de fleurs; ensuite il verse du vin sur la flamme qui devient plus resplendissante, et, cette cérémonie accomplie, il se retire derrière le chêne. Tous les invités s'asseyent: Marsyas, près de Clytemnestre, pendant que des jardins on entend une musique joyeuse qui prélude au banquet.*)

Mars. (le verre levé vers le roi). Je bois à ton étoile, roi des vaillants. Une longue alternative de luttes et de dangers l'a rendue plus resplendissante. Si ton nom illustre retentit sur tous les rivages, dans l'hymne des batailles, s'il ne doit jamais mourir, que pendant toute ta vie la belle figure de ta femme divine et le sourire de tes enfants soient un arc-en-ciel étincelant sur toi, où

ATTO IV, SCENA I.

De' figli tuoi serena iride arieggi
In cui le luci riposar tu possa.
— Vivi alla gloria, ed all' amor!
  Tess. (*nello stesso atto*).   T' onori
Giove o supremo domator dell' Asia.
Mortal non va che la tua fama adegui,
Nè s' assomigli a te : se dalle mani
Dolorose di Marte uscito appena
E pieno il core della Grecia tua
Più possente nemico hai combattuto
Negli avversi elementi ! Io che la prora
E la quadriga teco infra i perigli
Pronto alla gloria ed alla morte ascesi :
Or libo alfine nella dolce terra
A tuoi penati : perchè fausto brilli
Sempre su te così l' occhio del sole !
  Strof. (*con accento solenne*).
Sire ! dall' arduo trono ove t' irraggia
La vendetta dell' Ellade tranquillo
Reggi — e se dato fia più bello ancora
Delle speranze l' avvenir maturi !
Ma tu non obliar che le celate
Folgori lambe del geloso Olimpo,
Chi più s' innalza e quale ad ogni umana
Portentosa grandezza insidioso
Sovrasti il Fato !
  (*Marsia e Clitennestra si turbano: Egisto sporgendo il capo dalla quercia resta in ascolto*).
  Mars. (*a Strofio*).   Chè paventi o veglio
Che mormori del fato ? Ha forse il greco
Lito di questa più felice coppia ?
Altra regale a cui più certo arrida
Il favor de' celesti ?... Oh ! se l' ettorea
Face in sugli occhi ti balena ancora :
Chè non soccorri di Lièo co' doni
Alle trepide vene !
  Strof.   A te la forza,
A te il coraggio che dai nappi esala
O citaredo... !
  Mars.   A me l' invidiata
Giovinezza lo nutre, e la favilla
Sacra d' Apollo rilevò lo spirto
Da sì vani terrori.
  Strof. (*ironicamente*).   E dai perigli
Della guerra decenne è forse questa
Fervida età che ti sottrasse ? Quando
Sulla funesta Troade l' estivo
Raggio del suo n' ardea torrido cielo
Quando nel verno della neve Idèa :
Ne macerava l' assiduo flagello :
E fra gli stenti, le pugne, e la lue
Davamo il sangue per la patria... Oh allora
Dov' eri tu ? Su di' qual opra illustri
Il nome tuo se qui al banchetto siedi
Della vittoria : e il cor ti ferve, baldo
Sin del futuro !
  Atr.   Or via : non più, gli amari
Detti cessate !
  Clit. (*a Marsia sottovoce.*) Frenati..... col ferro
Risponderai.
  Tess.   La gioja brilli dove
S'asside il re.
  Mar. (*simulando e reprimendosi.*)

---

tu puisses reposer tes yeux. — Vis pour la gloire et pour l'amour.
  Thess. (*dans la même position*). Que Jupiter t'honore, dompteur suprême de l'Asie. Il n'y a pas d'homme qui puisse acquérir une si grande renommée ni qui puisse être comparé à toi, qui, à peine sorti des mains douloureuses de Mars, le cœur plein de ta Grèce, as combattu un ennemi plus puissant, les éléments contraires. Moi, qui ai monté sur ton navire et sur ton char, prêt autant à la gloire qu'à la mort, je bois enfin, sur le sort chéri de la patrie, à tes pénates; pour que le regard du soleil brille toujours sur toi de la même lumière.
  Stroph. (*avec un accent solennel*). Sire, de la hauteur de ton trône, où tu rayonnes de la vengeance de l'Hellade, puisses-tu régner tranquillement, et s'il est possible, que l'avenir soit plus beau que notre espérance. Mais n'oublie pas que celui qui trop s'élève s'expose aux foudres cachées de l'Olympe jaloux, et songe que le destin entoure de piéges toute grandeur merveilleuse de l'homme.
  (*Marsyas et Clytemnestre se troublent. Égisthe avance la tête derrière le chêne et écoute.*)
  Mars. (*à Strophius*). Que crains-tu, vieillard ? Que parles-tu du destin ?... Est-ce que la terre de la Grèce possède un couple plus heureux que celui-ci ? Un couple royal auquel sourit plus sûrement la faveur des dieux ?... Oh ! si devant tes yeux étincelle encore l'éclair de l'épée d'Hector, pourquoi ne réchauffes-tu tes veines tremblantes avec les dons de Bacchus ?
  Stroph. Je t'abandonne la force et le courage qu'exhalent les coupes, ô joueur de guitare !
  Mars. C'est la jeunesse enviée d'Apollon ; c'est son étincelle sacrée qui relèvent mon esprit de ces vaines terreurs.
  Stroph. (*ironiquement*). C'est peut-être aussi cet âge florissant qui t'a soustrait aux dangers de cette guerre décennale ? Lorsque sur la Troade funeste les rayons d'un ciel d'été nous brûlaient ; lorsque nous étions incessamment glacés par la neige d'hiver du mont Ida ; lorsque parmi les privations, les combats et la peste nous versions notre sang pour la patrie,... où étais-tu, alors ?... Allons, raconte par quels exploits tu as illustré ton nom, puisque tu bois ici au banquet de la victoire, et que ton cœur orgueilleux se passionne jusque dans l'avenir !
  Atr. Allons, finissez : trève aux paroles amères.
  Clyt. (*bas à Marsyas*). Contiens-toi... tu répondras avec le poignard.
  Thess. La joie doit briller là, où s'assied le roi.
  Mars. (*dissimulant et se contenant*). Je n'ai pas

Ned Io turbarla volli
Nè offendere l'antico ospite vostro.

Clit. La pace torni e l'armonia dell'alme
Spanda il sereno sulle vostre fronti.

Atr. (porgendo la coppa alla negra che gli stà presso.) Mesci o diletta del deserto figlia!
Poi che libando all'amistà di tutti
Ed all' eroiche spade onde fu dato
Radere al suolo le nettunie mura,
Onoro il Nume che su questa fronte
Fe' la vittoria soleggiar.

Egist. (agitando il coltello vittimario sotto la quercia.) ..... La fronte
Che al Tartaro consacro.

Mars. (sommessamente a Clitennestra.)
I congiurati
Già s'appressano al fiume: Egisto il cenno
Ne porse.

Clit. Bada, che l'istante ancora
D'oprar non è.

Atr. (che di nulla s'avvide, verso le due suonatrici.) Perchè la peregrina
Voce non odo delle vostre cetre,
O giovanette che dell' Ida i bruni
Gioghi ricorda, e fa sonar nel core
L'affettuoso fremito dell' aure?

(Le due giovani schiave eseguiscono un preludio, e Cassandra attratta dalle armonie del monte natio, non vista, entra e ristà nel fondo la scena).

Cass. (finito il preludio e tra sè.)
O musica dal mio nascere..... appresa
Fra l'ombre dei perduti orti materni.....!

Clit. Sì meste note al vincitor nell'ora
Della sua festa! E perchè invece alcuno
Fra le tazze ospitali or qui non desta
L'auspice musa? Chi di voi si leva
I trionfi a cantar del bene amato
Consorte nostro e le sue mense allegra?

SCENA II.

CASSANDRA E I PRECEDENTI.

Cass. (accorrente dal fondo, nell'atto che strappa la cetra di mano ad una delle suonatrici).
Io!...

Clit. Cassandra!
Mars. L'indovina!
Egist. (dal fondo tra sè). Or quale
Destino avverso a noi la tragge.

Atr. E giungi
Desiderata.

Cass. (con amara e mal repressa ironia.)
Al genial banchetto
L'auspice musa esser degg'io : degg'io
L'inno ridir delle vittorie vostre....
E quest'aure allegrar del più giulivo
Brindisi che l'udito alla regina
Accarezzasse mai.

Strof. (sommessamente accostandola).
Deh non tradirti
Rammenta il figlio.

(Cassandra colpita ammutolisce.)

Atr. (a Cassandra). Nessun labbro umano

voulu la troubler, ni offenser votre ancien hôte.

Clyt. Que la paix rayonne, et que l'harmonie des âmes épanche la sérénité sur vos visages.

Atr. (présentant sa coupe à la négresse). Verse, fille bien aimée du désert : puisqu'en trinquant à l'amitié de tous et aux épées héroïques qui ont su raser jusqu'au sol les murs bâtis par Neptune, j'honore le Dieu qui fit rayonner sur ce front le soleil de la victoire.

Égist. (sous le chêne, agitant le couteau des victimes). Ce front que je voue au Tartare.

Mars. (bas à Clytemnestre), Les conjurés approchent de la rivière : Egisthe m'en a donné le signal.

Clyt. Prends garde, ce n'est pas encore l'heure d'agir.

Atr. (qui ne s'est aperçu de rien, aux citharistes). Pourquoi n'entends-je pas la rare harmonie de vos lyres, jeunes filles, l'harmonie qui rappelle les sombres jours de l'Ida, et fait resonner dans le cœur le frémissement voluptueux des vents.

(Les deux jeunes esclaves exécutent un prélude et Cassandre attirée par ces harmonies de son mont natal, entre inaperçue et reste au fond de la scène).

Cass. (seule après la fin du prélude). Oh! musique, que j'ai apprise dès ma naissance parmi les ombrages des jardins maternels, perdus.

Clyt. Des notes si mélancoliques pour le vainqueur le jour de sa fête? Pourquoi quelqu'un n'éveille-t-il pas ici, au milieu des coupes hospitalières, la muse protectrice? Qui se lève de vous pour chanter les triomphes de notre époux bien-aimé, et réjouir son banquet?

SCÈNE II.

CASSANDRE, LES PRÉCÉDENTS.

Cass. (accourt du fond, arrache la lyre à une esclave). Moi!

Clyt. Cassandre!
Mars. La prophétesse!
Egist. (du fond seul). Quelle destinée ennemie l'amène vers nous?
Atr. (à Cass.). Tu arrives désirée...

Cass. C'est moi la muse auspice qui préside au banquet joyeux; c'est moi qui dois répéter l'hymne de vos victoires... Charmer les airs par les plus heureux souhaits qui aient jamais caressé l'oreille de la reine...

Stroph. (s'approchant). Ne te trahis pas, je t'en supplie : songe à ton enfant.

Atr. (à Cass). Aucune lèvre d'homme n'a ja-

ATTO IV, SCENA II.

Come il tuo risono, dal dì che Febo
La profetica vena innamorato
Educò nel tuo petto.
Cass. (*gettando la cetra, e volta con amarezza
a lui*).   Oh non l' avessi
Ambita io mai!
  Atr.   Perchè? Sdegni il celeste
Dono!
Cass. Quel Dio che tu nomasti un dono
Mi fea tremendo! anticipò l' affanno
Alla sventura!
  Atr.   E che dir vuoi?
  Cass.   Quel Dio
Cor non ebbe per me, se del futuro
L' invidiata fiaccola al mio priego
Sulle tenebre accese i — E, nè a me dato
Era d' amarlo più : quando fanciulla,
Della vita inesperta, al tetro raggio
Divorai l' avvenire.... e viddi Troja...
La patria mia... cadavere! Se indarno
Dopo il dono crudele ei circonfuso
Di fragranze e di luce entrò nel mio
Soggiorno inconsolabile! se chiusa
Nel mio dolore : rifiutai le gioje
Dell' amplesso immortale : alto castigo
M' indisse : e l' odio suo provai più grande
Che non fosse l' amor!
  Clit.   E ad accusarlo
Misera sorgi!
  Cass.   Esso alla patria mia
Superstite mi volle : esso m' incalza
Sul duro letto dell' esilio, dove
La sua vendetta al cor dilacerando
Mi sta, siccome a Prometèo l' artiglio
Dell' aquila !
  Atr.   Ma tu perchè a placarlo
Non ti prostri co' doni, e d' un lamento
Che par bestemmia alla tua sorte imprechi ?
— Or via che brami ? In che piacerti è dato
Esule illustre acciò che a me tu possa
Perdonar la vittoria ? — Omai sì fieri
Sguardi perchè ? forse le soglie mie
Securo asilo non ti son... ?
  Cass. (*amaramente*). Secure
O re!
  Atr. N' hai dubbio ? e che paventi ?
  Cass.   Io... nulla ?
Consumò la fortuna ogni suo strale
Sull' esser mio nè troveria più lato
Che a traffiger le resti. Ho sul mio capo
I dolori d' un popolo !
          (*affissando or la regina ora il re.*)
              .. E nessuno
Mi torrà tal corona !
  Mars. (*quasi all' orecchio di Clitennestra*).
              E perchè torvo
Lo sguardo a te vibrò ?
  Clit. (*fatta incerta e per poco smarrita tra sè*).
              Ch' ella sospetto
N' abbia ? (*a Marsia sotto voce*) ritratti, va, sos-
Troppi fedeli ha qui   [pendi, Atride
  (*Marsia si ritira non visto, e scompare Egisto
dal fondo*).
  Atr. (*a Cassandra*). Deh via Cassandra...

mais résonné comme la tienne depuis le jour où
Phébus ton amant a allumé dans ton cœur l'étincelle prophétique.
  Cass. (*jetant loin la lyre*). Puissé-je ne jamais
l'avoir reçue !
  Atr. Pourquoi ? Tu dédaignes le don des dieux!
  Cass. Ce dieu que tu as nommé m'a fait un don
terrible, il m'a imposé d'avance l'angoisse du
malheur.
  Atr. Que veux-tu dire?
  Cass. Ce dieu a été sans pitié pour moi en allu-
mant, à ma prière, sur les ténèbres de l'avenir le
flambeau qui me les éclaircit. — Il ne m'était plus
permis de l'aimer le jour où jeune fille inexpéri-
mentée de la vie, à cette lueur terrible, je saisis
l'avenir... Je vis Troie... ma patrie... un cadavre !... C'est en vain qu'après le don cruel, il
est entré dans ma demeure infortunée, tout environné de parfums et de lumière ! — Enfermée
dans ma douleur, j'ai refusé les joies de ses
coupes divines, il m'a frappée d'un grand châti-
ment, et j'ai trouvé sa haine plus grande que son
amour.

  Clyt. Et tu l'accuses, malheureuse !

  Cass. Il a voulu que je survécusse à ma patrie :
il me pousse sur le dur grabat de l'exil, où sa
vengeance me déchire le cœur, comme la serre
de l'aigle déchire celui de Prométhée.

  Atr. Pourquoi refuses-tu de t'humilier pour
l'apaiser par des dons ; pourquoi, au contraire,
maudire ton sort par des plaintes qui ressemblent
à des blasphèmes ? — Allons, que veux-tu ? En
quoi peut-on te plaire, illustre exilée, pour que
tu me pardonnes ma victoire ? — A quoi bon désormais ces regards farouches ? Est-ce que ma
maison ne t'offre pas un asile sûr ?
  Cass. (*amèrement*). Un asile sûr, ô roi ?
  Atr. En doutes-tu ? que crains-tu ?
  Cass. Moi ? rien !... le sort a usé sa dernière
flèche sur moi, il ne trouverait plus de place sur
moi pour une nouvelle blessure. Je porte sur ma
tête les douleurs d'un peuple (*fixant tantôt la
reine et tantôt le roi*) et personne ne m'enlè-
vera cette couronne.

  Mars. (*à l'oreille de Clytemnestre*). Pourquoi
a-t-elle fixé sur toi son sombre regard ?

  Clyt. (*dans l'incertitude et l'égarement*) A-t-elle
des soupçons ? (*bas à Marsyas*) Retire-toi, va,
ajourne le projet, Atride a ici trop d'amis fidèles.

  (*Marsyas se retire sans être vu et disparaît. —
Égisthe reste dans le fond.*)

  Atr. (*à Cassandre*). Allons, Cassandre : pour-

Che non t'assidi con placido volto
Alle mense del re? Non hai tu nume
A cui libar?
　Cass. (*rapita dalle patrie emozioni*).
　　　　　　Chi mi nomò? qual nube
M'avvolse? a chi rispondo? ove son io?
　　　(*Si risente l'arpeggio dall'interno*).
　Tess. (*a Strofio*).
Ella sospira, e ne' sembianti a un tratto
Rasserenò.
　Strof. (*tra sè*). Ride, infelice!
　Cass. (*con affetto crescente, e rapita a quel suono*).
　　　　　　　　　O suoni
Melanconici e cari! O dolci e piante
Rive dello Scamandro a cui quel metro
Chiama l'addolorata anima mia:
E a voi che torno alfin! Io ti respiro
O divo etere mio!... Come sei bella
O mia convalle! e che profumi spandi —
Da' tuoi roseti! Ecco risalgo ancora
I meandri dell'Ida: il sol rosseggia
Al corimbo inacesso e lo saluta
Degli augelli la voce! Io ti riveggo
O sacro bosco i cui recessi allegra
La cornamusa e dell'antico cedro
Sotto la chioma alle tue fonti alfine
Spengo la sete dell'esilio!
　Strof.　　　　　Sogna
Le amate cose...
　Cass. (*nella visione*).
　　　　　　Ahimè! chi vien! qual nuova
Corre all'amplesso della madre mia!
...Ti scosta, va, teco la porta altrove
O sciagurato Paride! Non sai,
Non sai quanta su te, su noi, su tutti
I federati nostri onda di guerra
Irromperà se la infedel non rendi?
Invendicate rotono gli sguardi
Le due più fiere deità su Troja,
E venti re l'inesorato mare
Empion di navi al nostro eccidio. Cedi
O forsennato, rendila. Chè morte
Spirano i baci di costei. Nè mai
Soavi più, ne più fatali mai
Volto di donna sfolgorò nel mondo
La bellezza e la colpa!
　Clit. (*con ira repressa verso il marito*).
　　　　　L'odi?
　Atr.　　　　　E grave
Non m'è — però che la sventura ha sempre
Alcun utile avviso.
　Cass.　　　Ed or qual grido
Contrista la città! Quale improvviso
Accorrere di genti! E che sinistro
Infuriar di carri e di cavalli!
— Fuggono tutti e là solo, tu solo
Fuor della porta Scea brilli nell'arme
Ettore mio! Chi attendi tu? Il Pelide!
Ei che laggiù l'asta vibrando rugge
E ti sfida, e giurato ha nel tuo sangue
Voglia Giove o non voglia, abbeverarsi!
Vedi se scapigliato orrido e come
Lupa che annusi l'agognato pasto
Precipita su te!... Fratello mio

quoi ne t'assieds-tu pas, le visage calme, à la table du roi? n'as-tu aucun dieu auquel tu puisses boire?
　Cass. (*emportée par les souvenirs de sa patrie*). Qui m'a nommée? Quel nuage m'a enveloppée? A qui parlé-je? Où suis-je?
　　　(*On entend le prélude à l'intérieur.*)
　Thess. (*à Strophius*). Elle soupire, et ses traits se sont rassérénés tout à coup.

　Stroph. Elle rit, l'infortunée!
　Cass. (*avec une passion croissante*). Oh! sons mélancoliques et chers! Oh! doux rivages regrettés du Scamandre, vers lesquels cette musique ramène mon âme affligée. Je reviens à vous enfin! Je te respire, air divin de la patrie! Que tu es belle, ô ma vallée! Que de parfums tes rosiers répandent! Me voilà, je remonte encore les sentiers de l'Ida: le soleil empourpre le sommet inaccessible et le chant des oiseaux le salue. Je te revois, bosquet sacré, dont le sable réjouit les retraites, et sous les branches du vieux cèdre, j'étanche enfin dans tes fontaines la soif de l'exil.

　Stroph. Elle rêve à des objets chéris.

　Cass. (*dans sa vision*). Hélas! qu'arrive-t-il? Quelle bru court dans les bras de ma mère!... Retire-toi, va-t-en, porte-la ailleurs, malheureux Pâris! Ne sais-tu pas quel orage immense de guerre va fondre sur toi, sur nous, sur tous nos alliés, si tu ne rends pas l'infidèle? Altérés de vengeance, les deux dieux les plus cruels fixent leurs regards sur Troie, et vingt rois couvrent la mer inexorable de navires, pour venir à notre destruction. Cède, furieux, rends-la; les baisers de cette femme soufflent la mort; et jamais un visage de femme n'a montré à la terre une beauté plus suave ni un crime plus fatal.

　Clyt. (*avec une colère étouffée, à son mari*). L'entends-tu?
　Atr. Je n'en suis pas peiné, car le malheur renferme toujours quelque conseil utile.

　Cass. Et maintenant quel cri contriste la ville? Quelle foule de gens accourt à l'improviste? Quel rassemblement sinistre de chars et de chevaux!... Tous se sauvent: toi seul, toi seul mon Hector rayonnes dans ton armure hors de la porte Scée? Qu'attends-tu?... Le fils de Pelée, lui qui là-bas vibrant sa lance, rugit et te défie, et a juré de s'abreuver dans ton sang! Regarde-le, il fond sur toi, les cheveux hérissés, horrible, comme la louve qui flaire son repas désiré... Mon frère, ne reste plus là... De ce nuage de poussière que son char soulève, rayonne le casque d'un dieu ennemi! Crains la fraude: il n'est pas seul!... Ah

ATTO IV, SCENA II.

Non istarmi più là... Da quella nube
Di polvere che il suo cocchio solleva
Irraggia l'elmo d'un avverso Dio!
Temi la fraude : ei non è solo !... oh vieni...
Ritratti a noi ! La madre è che ti chiama :
La vecchia madre e la sorella tua
Che morranno per te se non ritorni !
...Ahimè ! non vedi : ti si avventa contro
Pallade stessa ! e più non mi ode, è sceso.
(*E mira lontano con angoscia crescente sin che prorompe d'un singulto.*)
Combatte cade. È morto e seco porta
Il destino di Troja !
(*E vien meno e s'accoscia a terra chinando il capo fra le ginocchia. — Il sole è scomparso.*)
  Clit.   Ingrato dono
Serbasti Atride alle tue case !
  (*S'alza e tutti con essa.*) Ed ora
Solo che piaccia a lei, potrà la Teucra
Turbar delle regali aule la gioja?
Non invitati a tal funerea cena
N'avevi tu. Ma delle parche il verso
Ama costei che furibonda o triste
Non ha per te, per l'armi tue più lieto
Brindisi qui.
  Atr.   Rispetta in lei l'immago
D'un'estinta grandezza — e se t'è grave
Udirla più, meco le soglie varca
Del Ginecèo. (*Verso gli altri.*)
       La notte è presso e rosei
Sogni aleggino a voi. Ma che l'aurora
Vi ridesti alle cacce. Entro la cinta
Delle propinque selve ; ove da due
Lustri non finta veltro : a voi le frecce
Per lauta preda fumeran. (*Tutti s'allontanano.*)
  Strof. (*seguito il re sino ai limitari torna verso Cassandra*). Deh via
Alzati, hai pianto o misera abbastanza !
  Cass. (*scosso il pallio dalla fronte ma assorta sempre nelle sue visioni, ripiglia in lacrime*).
Il cadavere almeno ! Or che la furia
Del carro l'ha rotto ne' sassi, e che
Satollo alfin più non vorrà il Pelide
Accanarsi su lui — Va, corri o padre
Quella è la tenda sua — là dietro a terra
Il cadavere sta : prostrati : prega :
Tal riscatto m'impetra ; e se co' doni
Sino gli Dei si placano : tu questi
Alle povere tue lacrime aggiungi.
...Le son dodici tuniche... altrettanti
Tappeti e veli. Ma non basta, prendi
I due tripodi d'oro... e questa dalli
Sovrana tazza, o padre mio ! la tazza
Che nel tempo felice a te di Tracia
I popoli donar.
  Strof.   Destati, svia
Quelle larve dal cor ; sperdi le angosce
Del tuo passato.
  Cass.   E tutto sparve ! ed altro
Più non rimane che tenebre e pianto !
  Strof. Ah m'odi, a me ti volgi...
  Cass.   Ancora ascolto
Una parola di pietà ? chi cerca
Racconsolarmi..?

viens !... Retire-toi au milieu de nous !... C'est ta mère qui t'appelle ; ta vieille mère et ta sœur qui mourront pour toi si tu ne reviens pas ! Hélas ! regarde : Pallas, elle-même, bondit sur toi !... Mais il ne m'entend pas... Il part (*Elle regarde au loin avec une angoisse toujours croissante jusqu'à ce qu'elle éclate dans un sanglot*). Il combat... il tombe..., et il emporte avec lui la destinée de Troie. (*Elle s'affaisse, pliant sa tête sur ses genoux. Le soleil a disparu.*)

  Clyt. Atride, tu t'es réservé un cadeau bien triste pour ta maison. (*Elle se lève et tout le monde avec elle*). Maintenant, toutes les fois qu'elle te voudra, la Troyenne pourra troubler la joie des salles royales? Tu ne nous avais pas invités à un souper si funéraire. Elle aime donc la poésie des Parques, cette femme qui, furibonde et triste, ne trouve pour toi, pour tes armes, aucun souhait plus joyeux.

  Atr. Respecte en elle l'image d'une grandeur éteinte, et s'il t'est pénible de l'écouter davantage, viens avec moi dans le Gynécée. (*Aux autres*). La nuit approche : je vous souhaite des songes roses. Mais que l'aurore vous éveille pour la chasse. Dans l'enceinte des forêts voisines, où depuis dix ans, pas un chien n'a flairé, vos flèches fumeront dans le sang d'une riche proie. (*Tous s'éloignent*).

  Stroph. (*accompagne le roi jusqu'à la porte et revient vers Cassandre*). Allons donc, lève-toi : tu as pleuré assez, malheureuse !
  Cass. (*secoue le pallium de son front, mais absorbée toujours dans ses visions, elle reprend en larmes*). Au moins le cadavre ! maintenant que la furie du char l'a brisé au milieu des pierres, et qu'Achille rassasié ne voudra plus s'acharner contre lui... Va, cours, mon père : sa tente est celle-là, — là derrière sur la terre est le cadavre : prosterne-toi, prie : obtiens-moi ce rachat ; si l'on peut, apaiser avec des présents les dieux mêmes, ajoute ces dons à tes pauvres larmes... Ce sont douze tuniques... autant de tapis et de voiles. Mais ce n'est pas assez : prends les deux trépieds d'or, et ces deux vases historiés..., donne-lui aussi cette coupe royale, mon père, la coupe que dans des temps heureux t'ont donnée les peuples de la Thrace !

  Stroph. Réveille-toi, éloigne ces larmes de ton cœur : dissipe les angoisses de ton passé...

  Cass. Tout est disparu : il ne me reste plus que les ténèbres et les pleurs !

  Stroph. Écoute, tourne-toi vers moi.
  Cass. J'entends encore une parole de pitié? qui veut me consoler?

Strof. Dell' amico tuo
Non conosci la voce?
  Cass. (*Chiarendosi, e tutta in lui esclama d' un tratto con voce toccante*).
Ah Strofio! — E vedi
A me come parea quella sentire |abbia
Del morto padre — Ah Strofio!... Ah ch' io non
Altri a scontrar che te nella tremenda
Solitudine mia!
  Strof.   Se il fato accetti
Silenziosa ed ai fraterni lutti
Rassegnata le tue lacrime sacri
A te la croce dell' esilio il tempo
Allevierà. Ma non scordar che avvinta
Alle soglie di Pelope ti volle
La ruina de' tuoi dove la grazia
E la pietà d'Atride a te già valse
Di Clitennestra l'odio.
  Cass.   Or ben?
  Strof.   T'è nota
Appieno?
  Cass. È la regina: anzi la suora
D'Elena ell' è.
  Strof.   Nè la paventi? e puoi
Tutta versarle arditamente in volto
L' amarezza dell' animo?
  Cass.   Nel mondo
Omai l' unico avanzo in me tu vedi
Della stirpe di Priamo — ma presso
A quell' uscita — donde a' miei parenti
Si va...
  Strof. Quai detti!
  Cass.   E se la quarta furia
Ella pur fosse mi diffende l' alta
Securtà della morte!
  Strof. (*Guardatosi intorno*). Esciam, ritratti
Altrove meco...
  Cass. (*per subita ispirazione fatidica che l' agita sino alla fine*).
No! — va, salva Oreste...
  Strof. Deh! che sospetti mai?
  Cass. (*d' un accento solenne*) Non è sospetto
Il terribile vero agli occhi miei!
  Strof. Aprilo dunque
  Cass.   ...Amico il mare avrai,
Se nella nave tua di furto rechi
Il reale fanciullo: e il cresci all' ombra
De' lari tuoi nella cirrèa convalle
Per la duplice ammenda!
  Strof.   Oh che! favella
Il Dio presago in te?...
  Cass. (*a voce bassa*) ....Quell' innocente
Che figlio m' è dal tempio anch' io sottrassi
E l' ho celato in più fedel dimora!
  Strof. Cassandra!...
  Cass.   Orrida notte, incombe, atroce
Sul retaggio d' Atreo — Ma senti come
Romba dall' alto la rotante nube
De' sanguivori augelli: e che nefando
Stridere fanno!
  Strof.   Or ben quale delitto?
Per quali mani si prepara?...
  Cass. (*additando donde uscì Clitennestra*).
Al capo

Stroph. Ne reconnais-tu plus la voix de ton ami?
  Cass. (*revenant à elle-même et s'écriant d'un coup vers lui avec une voix touchante*). Ah Strophius! — Vois-tu comme je croyais entendre la voix de mon père mort? — Ah Strophius!... puissé-je ne jamais rencontrer que toi dans mon affreuse solitude!
  Stroph. Si tu acceptes en reine ta destinée, si, résignée, tu consacres tes larmes à la mort de tes frères, le temps soulagera la peine de ton exil. Mais n'oublie pas que la ruine de tous les tiens t'a enchaînée à la maison de Pélops, où la grâce et la compassion d'Atride t'ont déjà valu la haine de Clytemnestre.
  Cass. Eh bien!
  Stroph. La connais-tu à fond?
  Cass. Elle est la reine, elle est la sœur d'Hélène.
  Stroph. Tu ne la redoutes pas? Tu vas lui jeter hardiment au visage l'amertume de ton âme?
  Cass. Sur la terre, désormais, tu vois en moi le seul reste de la famille de Priam, mais je ne suis pas loin du chemin qui mène chez mes parents...
  Stroph. Quels mots!
  Cass. Si elle était même la quatrième furie, la haute sécurité de la mort me défend.
  Stroph. (*regardant à l'entour*). Sortons, viens ailleurs avec moi.
  Cass. (*sous une inspiration soudaine qui l'agite jusqu'à la fin*). Non! — Va, sauve Oreste...
  Stroph. Hélas! que soupçonnes-tu?
  Cass. (*avec un accent solennel*). Ce n'est pas un soupçon, c'est la vérité qui luit à mes regards.
  Stroph. Parle donc ouvertement.
  Cass. La mer sera propice, si tu emmènes furtivement sur ton navire l'enfant royal: élève-le à l'ombre de tes pénates dans la vallée Cyrréenne, pour la double vengeance.
  Stroph. Qu'entends-je? c'est Dieu qui te souffle ses prophéties.
  Cass. (*bas*). Moi aussi, j'ai sauvé du temple cet innocent.... mon fils, et je l'ai caché dans une retraite plus fidèle.
  Stroph. Cassandre!
  Cass. Une nuit horrible, cruelle, plane sur l'héritier d'Atrée. — Écoute: l'essaim tournoyant des oiseaux de proie gronde dans les airs et pousse des cris affreux.
  Stroph. Eh bien! quel crime?... par quelle main sera-t-il préparé?
  Cass. (*désignant la porte par où est sortie Clytemnestre*). Voilà: Clytemnestre... l'Erynnis de la

ATTO V, SCENA I. 35

Ecco s' aggruppa ogni viperea treccia
La Greca Erinne : perchè suo flagello
È la mannaja
  Strof.   O ciel!
  Cass.   ...E voi sorgete
O Dardanidi re!... via quella polve
Dalle fronti schiomate. Il sacrifizio
Si compie qui. Destatevi, accorrete
Dalla tomba remota : a voi le tazze
Colmerà Clitennestra !
  Strof. (*sentendo appressarsi alcuno*).
                        Ahimè! Chi giunge!
  Cass. L' aruspice che anela umano sangue
E regal sangue.
  (*Dal fondo appare Egisto travestito come prima,
è agitato, ma li vede e s' arresta.*)
  Strof. (*con terrore a lui*). Che cerchi?

  Egist.   Nulla
Da voi...
  Strof. (*come sopra*) ...Ma chi domandi?
  Egist. (*freddamente*).   Io?... la Regina!
  (*Cassandra impedisce di rispondere a Strofio
portando la mano alle labbra di lui, e si ritrae
con esso lentamente, mentre s' abbassa la tela.*)

Grèce attache les serpents à sa tête...., son fléau
est la hache.
  Stroph. Ciel!
  Cass. Et vous.... levez-vous, rois fils de Dardanus! .. secouez la poussière de vos fronts chauves. Le sacrifice s'accomplit. Eveillez-vous, accourez du tombeau lointain : Clytemnestre remplira vos coupes!
  Stroph. (*entendant arriver quelqu'un*). Hélas!
Qui vient!
  Cass. L'aruspice altéré de sang humain, — de
sang royal. (*Egisthe paraît au fond costumé
comme auparavant : il est agité et s'arrête en les
voyant*).
  Stroph. (*avec terreur à Egisthe*). Que cherches-tu?
  Egist. Rien de vous.

  Stroph. Mais, qui demandes-tu?
  Egist. (*froidement*). Moi?... la reine.
  (*Cassandre empêche Strophius de lui répondre
en lui portant la main aux lèvres, et se retire lentement avec lui pendant qu'on baisse le rideau*).

ATTO QUINTO.

La sala che mette al bagno.

SCENA PRIMA.

Sull' ingresso a destra EGISTO *che guarda fuori,*
CLITENNESTRA *dalla sinistra* (*s'accosta a lui
circospetta e a bassa voce come in tutto il dialogo*).

  Clit. Dorme d'un ferreo sonno ..

  Egist.   E non si desti
Che nella morte.
  Clit. (*accennandole il brando maritale che
impugna*).   Lo ravvisi?...
  Egist.   E il suo
Ben festi — ed or lo affida a me. Custode
E diffensor altro non hai su queste
Soglie! (*Le spicca il manto e additandole una
scure alle pareti*).
         Va... vibra... nè ti sentan l'aure!
  Clit. (*Stretta la scure s'avvia, ma giunta alla
porta del bagno retrocede atterrita verso Egisto*).
Non l'odi tu?...
  Egist.   Che!...
  Clit.   Parla.
  Egist. (*Dopo essere rimasto alquanto in ascolto
all'uscio e col sogghigno*).   ...Sì nel sonno
Mormora il nome di colei!

Un salon précédant la salle de bain.

SCÈNE PREMIÈRE.

ÉGISTHE, CLYTEMNESTRE. *Égisthe par l'entrée
à droite regardant dehors; Clytemnestre s'approche de lui avec circonspection, et lui parle
à voix basse pendant toute la scène*.

  Clyt. (*de la gauche*). Il dort d'un sommeil de
fer...
  Égist. Puisse-t-il ne se réveiller que dans la
mort.
  Clyt. (*montrant et brandissant l'épée de son
mari*). La reconnais-tu?
  Egist. C'est la sienne.—Tu as bien fait : maintenant confie-la-moi; tu n'as d'autre gardien ni
défenseur que moi dans cette maison (*il lui enlève le manteau et lui désigne une hache sur la
muraille*). Va,... frappe... Que l'air même ne
t'entende pas.
  Clyt. (*prend la hache, va pour partir; mais arrivée à la porte de la salle du bain, elle revient
effrayée vers Egisthe*). Entends-tu?...
  Egist. Quoi?...
  Clyt. Il parle.
  Egist. (*après avoir écouté quelques instants
à la porte, en souriant de mépris*). Oui, dans le
sommeil il murmure le nom de cette femme.

Clit. (*ripigliando la sua feroce energia*).
                        Cassandra
Chiama?...
  Egist.   A te dunque. Non ti sfugga tanto
Momento; va.
  Clit.   Cassandra vuol?...
  Egist.   Nomarla
Più non possa in eterno!   (*Ella entra*).
                    ... è morto, Oreste
Lo seguirà: l'incarco è mio. Potrei
Fruir lo scettro di costui securo
Sin che vive suo figlio? E come l'odio
Che m'arde saziar : se tutta questa
D'Atreo putrida razza; innanzi tutta
Non divori la tomba?... (*fatti alcuni passi verso
il bagno s'arresta d'un tratto in ascolto*).
                    Ah il colpo! ei geme...
E un altro... e il terzo ancor! s'accorra...
  Clit. (*ricomparendo*.)   È spento!
  Egist. (*avvoltole il manto per celarle una
macchia*.) Ora fa cor, nessun s'avvidde, e calma
Profonda è tutto. Non si tardi a corre
Della vendetta i frutti.

  Clit.   Oh che! mi lasci?
  Egist. Un breve istante.
  Clit. (*stringendosi a lui con segreto terrore*.)
                        Non ancor!
  Egist.   M'è forza.
Però che Marsia coi più fidi nostri
Guarda le vie della città : ma il segno
Inteso meco dalla reggia aspetta
Per accorrere a noi. Degg' io la face
  Clit. Ratto alle torri accendere.
                        Ti seguo.
  Egist. No. Cotal varco vigilar t'è duopo.
Poi che perigli sempre ha l'ora in cui
Un gran destino si matura. Statti
Me qui fra poco rivedrai. (*esce a destra*.)

SCENA II.

CLITENNESTRA.
                        Qual forza
Irresistibil m'avviluppa e preme
Sull'orme sue! Qual trista voce intorno
A me d'oscuri e rei presagi echeggia!
Perchè traffitto Atride una sinistra
Luce dagli occhi mi brillò d'Egisto?
Onde pavento? ed or che fo? Chi giunge!
            (*Esplorando da dove uscì Egisto*.)
..... Cassandra!

SCENA III.

CASSANDRA e CLITENNESTRA.

  Clit.   Torva e solitaria innoltri,
Tu, sino a qui : di notte?
  Cass.   Il sonno fugge
Dalla sventura e dal delitto.....
  Clit.   Eludi
L'inchiesta mia così?
  Cass.   Solo per questo
Ecco t'incalza a me di fronte il fato!

Clyt. (*recouvrant sa farouche énergie*). Il appelle Cassandre?...
  Égist. A toi donc,... ne laisse pas échapper une si belle occasion : va...
  Clyt. Ah! il appelle Cassandre!
  Égist. Qu'il ne puisse plus la nommer à jamais (*elle entre*). Lui, mort, Oreste le suivra; je m'en charge. — Pourrais-je jouir du sceptre de cet homme en toute sécurité tant que vit son enfant?... Comment rassasier la haine qui m'enflamme si toute cette race corrompue d'Atrée n'est pas dévorée par la tombe? (*Il fait quelques pas vers la salle du bain : tout à coup il s'arrête pour écouter*.) Oh! le coup !... Il gémit .. un autre coup !... un troisième !... Accourons.

  Clyt. (*paraissant*). Il n'est plus.
  Égist. (*lui remet le manteau pour cacher une tache de sang*). Courage, maintenant ! Personne ne s'en est aperçu ; un calme profond règne partout. Ne tardons pas à cueillir les fruits de la vengeance.
  Clyt. Quoi ! tu m'abandonnes?
  Égist. Pour un instant.
  Clyt. (*se serre contre lui avec terreur*). Pas encore.
  Égist. Il le faut, car Marsyas avec la plus grande partie de nos fidèles surveille les rues de la ville : il attend le signal convenu pour accourir auprès de nous. Je dois immédiatement allumer le fanal sur la tour.
  Clyt. Je te suis.

  Égist. Non. Il faut que tu surveilles cette issue, car l'heure où l'on mûrit une grande destinée est toujours grosse de dangers... Reste ici, tu me reverras sous peu (*il sort à droite*).

SCÈNE II.

CLYTEMNESTRE SEULE.

Quelle force irrésistible m'enveloppe et me pousse à le suivre! Quelle voix sombre retentit autour de moi d'obscurs et cruels présages! — Pourquoi, après la mort d'Atride, une lumière sinistre a jailli des yeux d'Egisthe?... D'où me vient cette frayeur ?... Que faire ?... Qui arrive? (*regardant par où est sorti Égisthe*) Cassandre !

SCÈNE III.

CASSANDRE, CLYTEMNESTRE.

  Clyt. Tu avances terrible et solitaire jusqu'ici dans la nuit?
  Cass. Le sommeil fuit le malheur et le crime...
  Clyt. Tu éludes ainsi ma demande?
  Cass. Ce n'est que pour cela que le destin te pousse en ma présence.

ATTO V, SCENA III.

Clit. Non covrir di si viete arti l'intento
De' passi tuoi, nè fingere lo stile
Or qui delle vocali are di Delfo.
— Ai sospirati talami d'Atride
L'anelito ti porta. — E, vedi, troppo
Sollecita accorresti. Ei dorme — aspetta....

Cass. Tu nascondi non io. Se come ostenti
Nulla ti rode al cor..., quel pallio getta
Che sì mal ti ripara agli occhi miei.

Clit. E che? deliri?

Cass. (*come rapita*). O Pergamo nè sola
Infelice sei tu : d'orrido lutto
Argo s'ammanta pur!

Clit. Parla, prosegui,
Che intendi tu?

Cass. L'adultera t'ha dunque
Già vendicato o Patria mia! Costei
D'Elena suora!

Clit. E dir tu l'osi!

Cass. È il vero!
— Nè perchè duro a intendersi : men vivo
Ti scintillò nell'anima feroce... (*fissandola*).
Perchè t'offuschi e fremi e ti scolori :
Se compresa non m'hai?

Clit. Schiava a me spetta
Il giudicarti — e dal tuo petto sverre
Le colpevoli trame....

Cass. E tu disegni
Colpevoli m'apponi, osi o perversa
Farti giudice mio?... Va : che di sangue
Odori tu, di fresco sangue!

Clit. (*reprimendosi a stento*). Oh il mondo
Forse non sa che, se colui t'addusse
Dal barbarico lito anzi che preda
Soggiogatrice del suo cor : colui
Un diadema ti giurava, il mio!
Che degli amplessi tuoi tal' era il prezzo!
Che l'agognavi : e che dovea ma vinta
All'ignominia d'un ripudio, o spenta
Sulle tue chiome stelleggiar! — Pur tanto
Cara agli Dei non eri tu che questo
Scettro cader nelle tue man dovesse!
Schiava morrai?

Cass. (*solennemente*). Morrò di Priamo figlia
Cinta la fronte di ben altre gemme
Che le crudeli tue! — ma senza invidia
Del greco scettro, che tanto a te costa!
— Morrò serena nella mia sventura
Come la luce che riflette il mesto
Occidente dell'Asia : e più raggiante
Quando l'ira de' secoli sepolte
Sin le ruine avrà d'Argo e di Troja!
— Morrò ma senza colpe e senza pianto,
Senza i rimorsi tuoi : ma fatta sacra
Dalla vendetta e dall' amor d'un Dio!

(*Clitennestra anelante Egisto va spiando se arriva*).

A me la tomba è gloria. A te modello
Della spartana fede : a te che ruggi
Notturna tigre pei vietati amori
Senza riposo.... e lacerato i freni
Sovra il petto di lui che ti fe' madre
Insanguini la scure : a te la vita

Clyt. Ne cache pas sous ces vieux artifices le but de tes pas. — Ne feins pas ici le style des oracles de Delphes. La passion te presse vers la couche d'Atride. Regarde... tu t'es trop hâtée ; il dort, attends....

Cass. C'est toi qui te caches, non pas moi. Si, comme tu t'en vantes, rien ne te ronge le cœur... jette ce manteau qui te cache si peu à mes regards.

Clyt. Quoi? délires-tu?

Cass. (*comme ravie en extase*). Oh! Pergame! tu n'es pas seule malheureuse : Argos elle-même se couvre d'un deuil horrible.

Clyt. Parle : continue, que veux-tu dire?

Cass. La femme adultère t'a donc vengée, ma patrie! cette femme, sœur d'Hélène.

Clyt. Et tu oses le dire?

Cass. C'est vrai. Quoiqu'elle soit difficile à comprendre, cette vérité n'a pas moins brillé dans ton âme féroce (*elle la fixe*). Pourquoi t'assombrir, pourquoi frémir et changer de couleur si tu ne m'a pas comprise?

Clyt. Esclave, il m'appartient, à moi, de te juger et d'arracher de ton cœur tes trames coupables...

Cass. Tu m'accuses de coupables desseins? Tu oses, pervertie, t'ériger en mon juge?... Va, tu exhales le sang, le sang fraîchement versé...

Clyt. (*se contenant avec peine*). Le monde ignore-t-il que si cet homme t'a emmenée de ta contrée barbare, non pas comme proie, mais comme souveraine de son cœur, cet homme t'a promis un diadème, le mien? Que c'était là le prix de tes caresses : que tu le convoitais ce diadème, qui devait, après s'être débarrassé de moi par la honte d'un divorce, ou par la mort, rayonner sur ta chevelure! Pourtant tu n'étais pas assez protégée par les dieux pour que ce sceptre dût tomber dans tes mains. Tu mourras esclave!

Cass. (*solennellement*). Je mourrai fille de Priam, le front ceint de bien d'autres joyaux que ceux que tu as ensanglantés : mais je mourrai sans envier le sceptre de la Grèce qui te coûte si cher !... Je mourrai sereine dans mon malheur, comme la lumière que reflète l'occident mélancolique de l'Asie : plus rayonnante alors que la colère des siècles aura enseveli jusqu'aux ruines d'Argos et de Troie !... Je mourrai, mais sans crimes et sans pleurs, sans tes remords ; mais consacrée par la vengeance et par l'amour d'un dieu.

(*Clytemnestre va voir avec anxiété si Egisthe revient.*)

La tombe sera glorieuse pour moi! pour toi, modèle de la foi Spartiate, pour toi qui rugis, tigresse nocturne, de tes amours défendus.... qui, après avoir brisé tes nœuds, ensanglantes la hache sur la poitrine de l'homme qui t'a rendue mère : pour toi la vie ne sera qu'une in-

È infamia sol! — Ti resti — e la gia sgombra
Coltre del marital letto esecrando
Serba al complice tuo!
  Clit. (*irrompendo dal fondo*). Ma questo nome
Di madre abbietto non mel rese Atride
Se diviso con te?
  (*Cassandra torce il capo mentre l'altra con beffarda enfasi l'assale*).
                Forse la casta
Beltà, l'altera vergine per cui
S'accese il nume creator del canto...
Sterile giacque nel regale amplesso?
  Cass. (*agitata tra sè*). Ella sa tutto!
  Clit.   E a me tu la ricordi...
A me? Tu che di furto al figliuol mio
Davi un fratello ed un rival sfidando
Della materna gelosia le furie?
Forse che, Atride, il genitor d'Oreste:
Non è quello del tuo?
  Cass. (*tra sè*).   Scoverto avesse
Pur dove adesso l'ho!
  Clit.   Ma del frodato
Consorte e padre io ti ricambio, o Frigia
Incantatrice a te lasciando il freddo
Abbracciamento delle sue reliquie,
Entra... t'attende là.
  (*Additandole l'uscio d'Atride.*)
  Cass. (*tra sè risolutamente*). Salvar mio figlio.
Ch'io tenti almen!
  (*E precipita all'uscita*).

SCENA IV.

EGISTO *col ferro sguainato* E LE PRECEDENTI.

  Egist. (*Serràndole il passo ai limitari*).
               T'arresta.
(*Poi traendola sul d'innanzi della scena*).
                     Oreste dammi.
Ove il celasti? ov'è?
  Clit. (*vivamente scossa*). Che ascolto? il figlio
Anco rapirmi osavi? Egisto, è vero
Quel che tu narri?... Ah per pietà prosegui...
Donde? come il potè?
  Egist.   Secretamente
Sul cader della sera entrar fu vista
Del fanciullo le stanze e Strofio seco.
  Clit. (*verso Egisto*). Ov'è colui?
  Egist.   Scomparve.
  Clit. (*a Cassandra*).   A me tu dunque
Lo renderai.
  (*Ma nel soggua̧rdarla più dappresso e con maraviglia.*)
               Che piangi?
  Cass. (*vivissimamente*). Anch'io son madre!
  Egist. ...Ma nè per tutte le potenze eterne
Il figlio tuo più rivedrai se pria
Non torni Oreste.
  Clit. (*reprimendosi*). O di sue tracce almeno
Il filo, a me non offri. Ecco a sì lieve
Prezzo riscatti il tuo.
  Cass. (*tra sè*).   Deh che perduto
Per sempre io l'ho!
  Clit. (*mostrando insinuarsele*).
            ... Cassandra, e l'innocente

famie. — Qu'elle te reste; et garde pour ton complice, ton exécrable couche débarrassée de ton premier mari.
  Clyt. (*bondissant du fond*). Mais Atride ne m'a-t-il pas rendu méprisable ce nom de mère, puisque je le partage avec toi? (*Cassandre se tourne d'un autre côté pendant que Clytemnestre l'assaille de ses propos ironiques.*) Est-ce que la chaste beauté, la vierge orgueilleuse, dont s'est épris le dieu créateur du chant, est restée stérile dans les embrassements du roi?
  Cass. (*agitée*). Elle sait tout !...
  Clyt. Et tu me le rappelles.... à moi? toi qui furtivement donnais un frère et un rival à mon enfant, défiant les furies de la jalousie de la mère? Atride, le père d'Oreste, n'est-il pas aussi le père de ton fils?
  Cass. (*à part*). A-t-elle découvert où je viens de le cacher?
  Clyt. Mais en échange du mari et du père que tu m'as ravi, je livre ses restes glacés à tes baisers... Entre.... il t'attend (*elle lui désigne la porte d'Atride*).
  Cass. (*à part avec résolution*). Je veux essayer au moins de sauver mon enfant (*Elle se précipite vers la sortie*).

SCÈNE IV.

EGISTHE *l'épée à la main; les précédentes*.

  Egist. (*barrant la sortie à Cassandre*). Arrête, (*il la traîne sur le devant de la scène*), livre-moi Oreste! où l'as-tu caché? où est-il?
  Clyt. (*vivement*). Qu'entends-je! tu as osé m'enlever jusqu'à mon fils? Egisthe, est-ce vrai ce que tu racontes.... continue, je t'en supplie : où, comment a-t-elle réussi?
  Egist. On l'a vue pénétrer en secret avec Strophius dans la chambre de l'enfant au coucher du soleil.
  Clyt. (*à Egisthe*). Où est-il?
  Egist. Il a disparu.
  Clyt. (*à Cassandre*). Tu me le rendras donc. (*La regardant de plus près avec étonnement*).
                Pourquoi pleurer?
  Cass. (*vivement*). Moi aussi je suis mère.
  Egist. Mais, je le jure par toutes les puissances éternelles, tu ne reverras plus ton enfant, si auparavant Oreste ne nous est pas rendu.
  Clyt. (*se contenant*). Ou si tu ne nous mets au moins sur sa trace. Voilà comme tu peux racheter à peu de prix ton fils.
  Cass. (*à part*). Hélas! je l'ai perdu pour toujours.
  Clyt. (*avec une feinte douceur*). Tu ne songes donc pas, Cassandre, à ton petit enfant? Atten-

ATTO V, SCENA IV.

Pargolo tuo non curi ? E ch'io lo sveni
Aspetti or tu ? Perchè feconda fosti :
Se in fasce ancor col tuo silenzio a morte
Lo danni ?
    Cass. (d' un grido straziante).
           E tardi : è troppo tardi o mai !
        (poi sciolgendosi da loro.)
Lasciatemi.
    Egist. No!
    Clit. (fremente). È tardi?
    Egist. (spingendo Clitennestra all' uscita).
                E tu va, dunque
Trafiggi il suo...
    Cass.   ... Ma che ti giova ?
    Clit. (col piè ai limitari, imperiosamente).
                      Scegli,
Vita per vita.
    Cass. (disordinatamente).
           Io sì : son io che Oreste
Rapia, che a Strofio l'affidai : ma il feci
Sol per salvarlo. (a Clitennestra).
           E tu m'ascolta, il cielo
M'è testimonio. Allor che Atride al caro
Cenere d'Ilio ed alla madre mia
Tormi potè, nol niego, entro ogni vena
Della vendetta il desiderio m'arse !
E come a lungo io la covai, chiamando
L'ira de' nembi in mio soccorso, fatta
Sino baccante a quel rugito, e sino
Ad ossecrar che per la regia nave
Le sue folgori tutte a fulminarla
Arroventasse l'aquila di Giove!
Quando più tardi allor che la mia piaga
Il tempo rammollì : quando ne' Greci
Viddi la man del fato... e che...
    (ammutolisce arrossendo, poi d'un tratto teneramente).
                    Ma sei
Madre tu pur ; e nè tu certo ignori
Quale dolcezza innenarrabil : quanto
D'amor tesoro e di pietà, soave,
Per le viscere nostre irrori al primo
Vagir d'un figlio ! ebben : baciando il mio
L'onte obliai d'Atride e l'odio sparve.
Non ch'io l'amassi già : null' uomo amato
Ho mai ! Ma come sull' infausto carro
La reggia attinsi, e Oreste tuo conobbi,
Che se bilustre pur tanto simile
E ne' sembianti all' infelice mio...
Da quell'istante per esso...
    Clit.   Finisci.
    Cass. Una segreta simpatia mi vinse.
    Clit. E dir vorresti?...
    Cass.   Che per questo appunto
Io lo spiai, te lo rapia, l'ho salvo.
    Clit. (attonita)
Salvo! e da chi?...
    Cas. (additandole biecamente Egisto).
             Chiedilo a lui.
    Egist.   Deliri
    Cass. Oh non così che del tuo cor brutale
Il più riposto palpito mi sfugga.
    Clit. Egisto!
    Egist. (a tei). E tu l'ascolti? e non t'avvedi

---

dras-tu que je l'égorge? Pourquoi as-tu été féconde, si tu le condamnes à mort, au berceau, par ton silence?

    Cass. (avec un cri déchirant). Il est tard! maintenant il est trop tard. (Se débarrassant de leurs mains). Laissez-moi.

    Egist. Non.
    Cass. (frémissant). Il est tard !
    Egist. (poussant Clytemnestre vers la sortie). Allons donc, va tuer son fils.
    Cass. A quoi cela peut te servir ?
    Clyt. (le pied sur la porte, impérieusement). Choisis : vie pour vie.

    Cass. (avec égarement). C'est vrai; oui! C'est moi qui ai enlevé Oreste, qui l'ai confié à Strophius; mais je l'ai fait pour le sauver. (A Clytemnestre.) Maintenant écoute-moi : le ciel m'en est témoin. Alors qu'Atride a pu m'arracher aux cendres aimées d'Ilium, et des bras de ma mère, j'ai senti bouillonner, je te l'avoue, toutes mes veines, du désir de la vengeance ! Je l'ai couvée longuement en appelant à mon secours la colère des tempêtes dont le rugissement me transformait en bacchante ; je demandais à l'aigle de Jupiter d'allumer tous les feux du ciel pour foudroyer le navire royal. — Lorsque plus tard le temps eut pansé mes blessures, et que je compris que les Grecs n'étaient que la main du destin... et que...
(elle se tait en rougissant, puis tout à coup avec tendresse). Mais toi, tu es mère aussi, et tu ne peux pas ignorer quelle douceur ineffable, quelle rosée suave d'amour et de pitié rafraîchit nos entrailles au premier vagissement d'un fils.... Eh bien ! en embrassant le mien, j'ai oublié les crimes d'Atride : la haine a disparu. Je ne l'ai pas aimé... je n'ai aimé aucun homme! Mais lorsque sur le char funeste je suis arrivée à ce palais, et j'ai connu ton Oreste, qui même à dix ans ressemble tellement dans les traits à mon malheureux fils..... A partir de cet instant, j'ai éprouvé....

    Clyt. Poursuis,
    Cass. Une secrète sympathie pour lui.
    Clyt. Et tu voudrais dire...
    Cass. Que c'est pour cela même que je l'ai surveillé, que je te l'ai ravi, que je l'ai sauvé.
    Clyt. (avec étonnement). Sauvé ! et de qui ?...

    Cass. (lui désignant de travers Égisthe). Demande-le-lui.
    Egist. Tu délires.
    Cass. Pas assez pour que le vœu le plus secret de ton cœur cruel m'échappe.
    Clyt. Égisthe!
    Égist. (à Clytemnestre). Et tu l'écoutes? Tu ne

Che se fu destra al ratto, ora t'illude?...
Ne fura il tempo?
    Clit.   Ah si va, cerca, vola:
Oreste vo'.
    Egist. L'avrai...
    Cass. (*marcatamente*). No — ch' ei t' illude !
..., Via pe' remoti flutti omai, securo
Ad altre sponde lo ricovra il soffio
Liberator de' venti !
    Clit.   Ahimè ! non reggo !
    Egist. Cotanto osavi ?
    Clit. (*a Cassandra*). L' ultima speranza
Anco mi struggi ? E che degg' io far ora
Della tua prole ? (*pausa*).
    Cass.   All' impossibil cambio
M' assolve il ciel. E se mi toglie affatto
Ch' io dalla rabbia tua redimer possa
L' unico mio : tu non per questo meno
Sterminatore l' avvenir t' aspetta.
A più funerei soli è destinato
L' adolescente esule tuo. Ma l' ora
Non desiar del suo ritorno. Un giorno
Lo rivedrai ma sfolgorante d' ira
Vendicator del padre suo.
    Clit.   Tu menti.
    Cass. Qui dove Atride giacque ei di sua mano
Pari lavacro apparecchiarvi allora
Saprà !
    Egist. (*le si accosta e d' un piglio irrisorio*).
         Ma tu che del nefando augurio
La reggia infesti : il tuo presente appieno
Conosci ? — Or ben : nulla t' ha dunque appreso
Il fatidico spirto allor che muta
E di celato confidasti a Strofio
La tua rapina.
    Clit. (*a lei con feroce allegrezza*).
         Ah tu la fronte atterri...
Ammutolisci ?
    Cass. (*fra sè*). O cieli !
    Egist. (*proseguendo collo stesso accento*).
         ... Allor che il tuo
Nato obliavi ?
    Clit. (*insistendo e coll' amarezza d' un riso convulso*).
         E perchè fosse l' ostia
Espiatrice...
    Cass.   Ahi lassa me !
    Egist. (*passandole innanzi*). Digiuno
Tu non lasciasti il mio ferro di sangue !
    Cas. (*scoppiando dalla sua prostrazione improvvisamente*).
Me l'hai svenato : il presentia — fu l'opra
Degna di te. Va, monta il soglio : tale
Trofeo che ostenti : eroe t' ha fatto prima
Che re. La Grecia esulti : hai trucidato
L' ultimo parto della stirpe d' Ilo.
O scannator di pargoli ! Va — dunque
E t' incoroni al novo sol costei
Ancor del bagno marital fumante!
    Clit. (*fatto cenno ad Egisto, e scostandosi*).
E tu sotterra va : latra il presagio
Laggiù fra morti.
    Egist. (*appuntandole al petto la spada*). Udisti ?

vois pas qu'après avoir été si adroite dans le rapt, maintenant elle te trompe !...
    Clyt. Ah ! c'est vrai ! Va, cherche, vole, je veux Oreste.
    Égist. Tu l'auras.
    Cass. Non. C'est lui qui te trompe !... Ton fils est désormais hors de danger : à travers la mer lointaine le vent l'emporte libre sur d'autres rivages.
    Clyt. Hélas ! je ne peux plus résister.
    Égist. Tu as osé faire cela ?
    Clyt. (*à Cassandre*) : Tu m'enlèves jusqu'au dernier espoir ! Que dois-je faire maintenant de ton enfant ? (*Silence.*)
    Cass. Le ciel m'absout de cet échange impossible. Et s'il ne me permet pas que je puisse racheter de ta rage mon fils unique, un avenir funeste ne t'attend pas moins. Ton enfant exilé est destiné à des jours de deuil !... Ne hâte pas de tes vœux son retour. Tu le reverras un jour, mais foudroyant de colère, vengeur de son père.

    Clyt. Tu mens.
    Cass. Ici, où Atride est tombé, ton enfant saura vous préparer de sa propre main une expiation pareille au crime.
    Égist. Mais toi qui infectes la cour de cette prophétie de malheur, connais-tu ton sort présent ? — Allons ! ton esprit prophétique ne t'a donc rien appris, alors que muette et à la dérobée tu confiais à Strophius l'objet de ton larcin ? (*avec ironie*).

    Clyt. (*avec une joie farouche*). Ah ! tu baisses le front ?... Tu ne trouves plus de mots ?...

    Cass. (*à part*). Oh ciel !
    Égist. (*avec la même expression*). Lorsque tu oubliais ton enfant...

    Clyt. (*insistant avec un rire convulsif et amer*). Pour qu'il servît de victime expiatoire.

    Cass. Oh ! malheureuse que je suis.
    Égist. (*passant par devant elle*). Tu n'as pas laissé mon épée vierge de sang.
    Cass. (*éclate, se relevant de sa prostration*). Tu l'as égorgé ?... Je l'avais pressenti. L'exploit est digne de toi. Va : monte sur le trône : le trophée dont tu es fier a fait de toi un héros avant d'en faire un roi : la Grèce peut s'en réjouir : tu as massacré le dernier rejeton de la famille d'Ilus : va donc, égorgeur d'enfants : va — que cette femme, les mains encore baignées du sang de son mari, te couronne au lever du jour.

    Clyt. (*s'éloignant après avoir fait un signe*). Et toi va dans la tombe *aboyer* tes présages aux trépassés.

    Égist. (*lui présentant l'épée à la poitrine*) As-tu entendu ?...

ATTO V, SCENA ULTIMA.

Cas. (che afferrata con gioja la lama si trafigge).
                  Ah sì... ch'io posso
Morir alfin...
(Piegandosi a terra).
           Non son più madre!
Clit. (riappressandosi ad Egisto).
                     L'atrio
D'armi risona...
  Egist.   E albeggia. Usciam — secura
E regalmente, or, che ti mostri è tempo!
                           (Escono).

SCENA ULTIMA.

Cas. Sogno di gloria e di dolor tu passi
O mia giovine vita... E nell'esilio
Lungi dalle fraterne ossa le mie
S'addormiran!... Tu passi... e nel supremo
Struggimento del cor voce non odo
Che mi conforti!... Ahimè! quale tremenda
Solitudine è qui.
                    (Rialzandosi.)
        Ma in breve tutti
Li rivedrò — sotterra ho tutto omai!
E là te scontrerò: te innanzi ogn'altro
O creatura mia — che ancor le braccia
Tenere sporgi: avvincerle al mio collo...
Quasi cercassi ancór. Lo stesso Eliso
Non ha dolcezza che pareggi quella
De' baci tuoi...
                (Volgendosi a sinistra.)
        Chi mi chiamò? — Che è questo
Ribalenar di morte agli occhi miei?
Chi per l'aër commosso a me favella...?
Chi piange...!
(Verso il fondo e d'un grido affettuosissimo).
            Oh vista!... Oh madre mia! Deh ch'io
Spiri beata nelle braccia tue!
(Fatto l'ultimo sforzo spira innanzi lo spettro d'Ecuba, che nel funereo lenzuolo e colle braccia levate ad accoglierla appare dall'ultima quinta a sinistra nel punto in cui s'abbassa la tela).

Cass. (saisit avec joie l'épée et se blesse). Ah! oui! enfin je peux mourir *(tombant par terre).* Je ne suis plus mère.

Clyt. (s'approchant d'Égisthe). Le vestibule résonne du bruit des armes.

Egist. Voici le jour : sortons : c'est l'heure de te montrer résolue comme il convient à une reine *(ils sortent).*

SCÈNE DERNIÈRE.

Cass. Oh! ma jeune vie, tu passes comme un rêve de gloire et de douleur... mes os reposeront dans l'exil, loin des os de mes pères... Tu passes, et dans l'extrême défaillance du cœur, je n'entends pas une voix qui me console... C'est le désert ici... Mais bientôt je les reverrai tous. Tous les miens sont sous terre... et là, je rencontrerai, le premier, toi, mon enfant, qui me tends encore tes petits bras... comme si tu voulais en entourer mon cou. — L'Élysée lui-même n'a pas de douceur pareille à la douceur de tes baisers *(se tournant à gauche).* Qui m'appelle?... Quel éclair de mort reluit à mes yeux?... Qui me parle, ému, à travers les airs? Qui pleure *(vers le fond avec un cri très-passionné)*? Oh oui !... Ma mère! que j'expire heureuse dans tes bras *(après un dernier effort, elle meurt devant le spectre d'Hécube qui, enveloppé dans le drap funéraire, les bras tendus, apparaît pour l'accueillir à la dernière coulisse à gauche au moment où le rideau baisse).*

FINE.

Parigi. — Stampato da E. THUNOT e C*, strada Racine, 26.

www.ingramcontent.com/pod-product-compliance
Lightning Source LLC
Chambersburg PA
CBHW070711050426
42451CB00008B/592